从广州出发

SAILING FROM GUANGZHOU

"南海I号"
与
海上丝绸之路

NANHAI I SHIPWRECK
AND
THE MARITIME SILK ROAD

南越王博物院
（西汉南越国史研究中心）

编著

杭州

泉州

广州

文物出版社

图书在版编目（CIP）数据

从广州出发："南海I号"与海上丝绸之路 / 南越王博物院（西汉南越国史研究中心）编著. -- 北京：文物出版社，2024.1

ISBN 978-7-5010-8368-8

Ⅰ. ①从… Ⅱ. ①南… Ⅲ. ①南海—沉船—考古发掘—中国—宋代②海上运输—丝绸之路—历史—中国 Ⅳ. ① K875. 35 ②K203

中国国家版本馆CIP数据核字（2024）第018147号

从广州出发
——"南海Ⅰ号"与海上丝绸之路

编　　著　南越王博物院（西汉南越国史研究中心）

责任编辑　黄　曲
责任印制　张道奇

出版发行　文物出版社
社　　址　北京市东城区东直门内北小街2号楼
邮　　编　100007
网　　址　http://www.wenwu.com
经　　销　新华书店
制版印刷　天津裕同印刷有限公司
开　　本　889mm×1194mm　1/16
印　　张　17
版　　次　2024年1月第1版
印　　次　2024年1月第1次印刷
书　　号　ISBN 978-7-5010-8368-8
定　　价　320.00元

图录编撰

主　编

李民涌

副主编

李灶新

执行主编

潘　洁

撰　稿

章　昀　乐新珍　胡田甜　吕月明

摄　影

袁春霞　黎飞艳

鸣　谢

中国社会科学院考古研究所

故宫博物院

上海博物馆

福建博物院

福建省考古研究院

宁波中国港口博物馆

宁波市文化遗产管理研究院

泉州市文物保护中心

香港铁路有限公司

泾阳县博物馆

广东省九江酒厂有限公司

佛山市南海区九江双蒸博物馆

广州市梁向昭西村窑陶瓷艺术研究院

秦大树教授

姜波教授

Michael Flecker 博士

赵冰博士

"从广州出发——'南海 I 号'与海上丝绸之路"展览

指导单位：

广东省文物局

香港特别行政区发展局

澳门特别行政区文化局

广州市文化广电旅游局

广州市海丝申遗办

主办单位：

南越王博物院（西汉南越国史研究中心）

广东省文物考古研究院

广州市文物考古研究院

香港古物古迹办事处

香港中文大学

澳门博物馆

协办单位：

北京大学考古文博学院

长沙铜官窑博物馆

广东民间工艺博物馆

佛山市博物馆

佛山市南海区博物馆

深圳博物馆

惠州市博物馆

广州海事博物馆

广东海上丝绸之路博物馆

展览时间：

2023 年 7 月 3 日至 2023 年 11 月 26 日

展览地点：

南越王博物院（王墓展区）综合楼临展厅

展览筹备

总 策 划：李民涌　曹　劲　张强禄　萧丽娟　卢可茵　黄慧怡

专家指导：（按姓氏笔画排列）

王　芳　王　煜　白　芳　冯　毅　李庆新　李　岩　李　聪　吴昌稳
肖达顺　陈　滢　易西兵　秦大树　徐怡涛　黄海妍　崔　勇　魏　峻

项目统筹：李灶新　肖达顺　朱明敏　马文光　潘　洁　章　昀　陈　馨

项目协调：侯方韵　魏文涛　王维一　王　强

项目主持：潘　洁

形式设计统筹：蔡淑蓉

策展协助：刘业沣　王志华　章　昀　王雪静　乐新珍　何少伟　吕月明　梁艳萍
湛家颖　黄慧君

文物组织及布撤展：李秋晨　史明立　胡在强　霍雨丰　罗　欢　乔　娇　施　梵
裴　欣　范彬彬　石蕴慈　黄明乐　李光辉　贾军仕

宣传及文创：吴丹微　王雪静　梁艳萍

公共服务与教育推广：李京花　李　妍　黄子立　何剑仪　潘思含　张元龙
黄诗颖　谭艾铭　王　鹏　何丽霏　雷唐瑶　刘紫琪

保障服务：黄丽萍　梁燕兰　张志敏　钟振维　李旭明　王　睿

展览配合：

（广东省文物考古研究院）	石俊会	胡思源	陈博宇	杨荣佳	杨　全
（广州市文物考古研究院）	邝桂荣	莫慧旋	关丹丹		
（香港古物古迹办事处）	吴卓莹	李晓慧	李伟德		
（香港中文大学）	区浚希				
（澳门博物馆）	余智伟				
（北京大学考古文博学院）	袁怡雅	杨怡菲	焦美宁	王悦荻	
（长沙铜官窑博物馆）	瞿　伟				
（广东民间工艺博物馆）	黄海妍	胡　舜	谢子莹	许颖思	吴淑华　陈静蓉
	石浩斌	张小坤			
（佛山市博物馆）	高宇峰	李　琪			
（佛山市南海区博物馆）	吴振宇	韩莫菱	任爱棋		
（深圳博物馆）	郭学雷	周加胜	田　雁	李婷娴	
（惠州市博物馆）	钟雪平	张卓文	周俊琪		
（广州海事博物馆）	王　芳	冯　晨	苏慧颖	王慕宇	
（广东海上丝绸之路博物馆）	郭亨文				

致辞一

Greeting 1

近年来，在粤港澳大湾区考古工作者的努力下，广东佛山南海奇石窑和文头岭窑取得了重大考古成果，确认"南海Ⅰ号"和南越国宫署遗址出土的部分酱釉罐产自佛山南海诸窑，实证"南海Ⅰ号"曾到过广州，最后从广州港离岸。这一重大发现，为推进海上丝绸之路研究和申遗提供了新的、重要的实物资料，意义深远，极大地增强了我们的历史自信与文化自信。

2023年4月7日，习近平总书记同法国总统马克龙在广州非正式会晤时高度评价了广州的历史地位与作用，激励我们以更加坚定的决心、更加充足的底气、更加有力的举措，传承丝路精神，弘扬海丝文化，鼓舞着我们不断促进海丝研究成果的转化、展示与利用，不断推动中华优秀传统文化创新性发展，为中国现代化建设贡献更多中国史学的智慧与力量。

粤港澳大湾区同根同源、一脉相承。这次"从广州出发——'南海Ⅰ号'与海上丝绸之路"展览的成功举办，凝聚了广州、香港、澳门、深圳、惠州、佛山、长沙等地多家文博单位的力量，是一次大湾区联合考古研究成果的集中展示。接下来，广州将始终牢记习近平总书记的殷殷嘱托，以实际行动回报总书记的殷切期望，继续努力搭建好海上丝绸之路学术研究平台，不断促进海丝最新研究成果的转化与展示，为海丝遗产保护和联合申遗工作提供重要学术理论支撑。把海丝保护与申遗同落实国家"一带一路"倡议和粤港澳大湾区建设紧密结合起来，把握历史机遇，增强历史自觉，紧密团结各联盟城市，强化与东南亚等海丝沿线城市的合作，邀请海外城市加入海丝申遗城市联盟，推动海丝申遗取得实质性进展，让海丝遗产在新的起点上，焕发出新的活力。

刘晓明

广州市文化广电旅游局副局长、广州市文物局局长

致辞二

Greeting 2

"南海 I 号"考古研究成果不断，最近又传惊喜。过去两年，在粤港澳大湾区文博同行的共同努力下，"南海 I 号"最后离岸港口之谜取得了突破性的进展，实证了"南海 I 号"最后从广州放洋出海。我们将佛山南海诸窑、广州南越国宫署遗址和"南海 I 号"沉船关联，通过多学科研究，证实了"南海 I 号"和南越国宫署遗址出土的部分酱釉罐产自南海诸窑，这是我国水下考古、沉船与海上丝绸之路研究历史上第一次做到如此精准地从商品的产地、集散地到航船"三点一线"轨迹确认，这一重大成果在学术界引起了广泛关注，对助力海丝申遗有着重要意义。

2023 年是"一带一路"倡议实施十周年，我们依托最新考古研究成果，汇聚了国内 12 家文博单位 421 件（套）文物，筹办了这一场海丝文化盛宴。"从广州出发——'南海 I 号'与海上丝绸之路"展览在最新考古发掘资料及文献研究基础上还原"南海 I 号"的航行轨迹，再现南宋时期海洋活动的繁荣景象，这是国内首次将古代货物生产基地—商品集散地—贸易路线联系起来的海上丝绸之路主题展。展览深入挖掘唐宋以来广东陶瓷器在海上丝绸之路贸易过程中的意义和作用，彰显广州作为古代海上丝绸之路中世界大都会的历史地位，向公众呈现海上丝绸之路的广东文化印记，对讲好大湾区故事、中国故事，具有重要的史料价值、学术价值和现实价值。

2023 年 6 月，习近平总书记在文化传承发展座谈会上发表重要讲话，强调要坚定文化自信、担当使命、奋发有为，共同努力创造属于我们这个时代的新文化，建设中华民族现代文明。南越王博物院努力肩负起新的文化使命，不断提高研究水平，以科研促业务、强发展、深化考古成果转化，让文物考古成果"活起来"，让考古学成果惠及公众，以新担当、新作为推进公共文化高质量发展。未来，"从广州出发——'南海 I 号'与海上丝绸之路"展览将实现"走出去"，继续深耕海丝文化遗产价值研究，推动大湾区文化遗产保护活化利用出新出彩。

李民涌

南越王博物院（西汉南越国史研究中心）院长

致辞三

Greeting 3

  "从广州出发——'南海I号'与海上丝绸之路"展览是香港在 2022 年底加入"海上丝绸之路保护与申遗城市联盟"后首个参加的海上丝绸之路主题展览。这次展览以海上丝绸之路为背景，通过串联广州南越国宫署遗址、"南海I号"沉船、佛山南海奇石窑与文头岭窑窑址、香港九龙圣山宋皇台遗址等粤港澳大湾区遗址的重要出土文物，以及海外在 9 至 13 世纪的港口遗址与沉船的最新考古发现，展示海上贸易和陶瓷生产的盛况；而"南海I号"是南宋时期中国海洋贸易的辉煌传奇，也是宋代南海至印度洋海上贸易的重要见证者。

  随着海上贸易的发展，形成以广州港为中心，以香港、澳门等地为中转的多层次贸易港口体系。港口城市、外港、航路节点、补给点、巡检点等遗址和出土遗物，是这一体系的重要实物见证。越来越多考古资料显示，邻近广州的香港，自古以来是海上丝绸之路的贸易中转站之一。屯门、九龙湾、竹篙湾等都是商船停泊和补给的天然良港。

  为了讲好海上丝绸之路大湾区的中国故事，提供新的考古收获与文化阐释，我们很高兴为广州观众带来一批香港九龙圣山遗址出土的珍贵文物参加展览。圣山遗址考古发现了大量宋元时期遗迹和文物，其中房屋聚落遗迹有百余处，陶瓷碎片超百万片。这些宋元陶瓷分别来自广东、福建、浙江、江西的窑场，说明自宋代以来，香港已成为中国的海上贸易点，沿海已有频繁的商贸活动，是海上丝绸之路的重要节点。

  我特别感谢广东省文物考古研究院、广州市文物考古研究院、南越王博物院等单位为配合展览举办两天的学术研讨会，为探讨"商品、港口、沉船和唐宋海上陶瓷之路"主题，提供了珍贵的平台，让专家学者分享丰硕的研究成果和最新的考古发现，这个机会实在是非常难得。

  我在此祝愿"从广州出发 ——'南海I号'与海上丝绸之路"展览成功。

蒋志豪

香港特别行政区政府发展局文物保育专员

致辞四

Greeting 4

16至18世纪，澳门一直是海上国际贸易的重要节点。在明朝海禁和葡人东来等历史机遇之下，在海上丝绸之路的黄金时期，澳门开埠并迅速兴起，成为重要的中转港。中国的商品从澳门大量出口，经果阿（Goa）销往欧洲，由长崎销往日本，经马尼拉销往美洲。澳门起到连接亚洲、欧洲、美洲的枢纽角色，为世界市场的形成做出了重要的贡献。

随着世界贸易的频繁进行，多元文化在澳门不断累积和沉淀，留下丰富多样的文化遗产。澳门作为远东重要的文化交流中心，开放包容、互学互鉴、互利共赢的丝路精神，更在这座世界文化遗产名城留下了深刻的烙印。同时，我们通过参与海丝申遗工作，让丝路精神得以彰显，让珍贵的文化遗产得以保护和弘扬。

作为海上丝路的重要节点，澳门一直积极进行海丝文化的传承和推广。2019年，澳门成为海丝联盟城市成员，配合国家文物局进行海丝遗产的发掘及研究。这次"从广州出发 ——'南海I号'与海上丝绸之路"展览与"商品、港口、沉船与唐宋海上陶瓷之路"学术研讨会于广州举办，各位专家学者分享和发表他们的研究成果，这对于海丝申遗工作的进一步推展具有十分重大的意义，也为澳门提供了与内地专家学者相互展示及交流的机会。

2021年，中国社会科学院考古研究所与澳门文化局共同出版了《澳门圣保禄学院遗址发掘报告（2010～2012）》，对于2010至2012年间在圣保禄学院遗址的考古发掘成果进行了研究和分析。遗址内发现学院夯土围墙和大型基岩坑等重要遗迹，出土了数量众多的陶瓷器碎片以及砖瓦类建筑构件残片，为中国陶瓷器外销、海上丝绸之路等相关研究提供了重要物证，相关文物参与了"从广州出发——'南海I号'与海上丝绸之路"展览。这次有幸受到广东省文物考古研究院的邀请，在展览配套研讨会上分享相关的研究成果，为推动粤港澳海丝遗产的学术研究贡献一份力量。

最后，衷心祝愿"从广州出发 ——'南海I号'与海上丝绸之路"展览与"商品、港口、沉船与唐宋海上陶瓷之路"学术研讨会圆满成功，为未来的文化交流合作拓展更大的空间。

蔡健龙

澳门特别行政区文化局文化遗产厅厅长

目 录

Contents

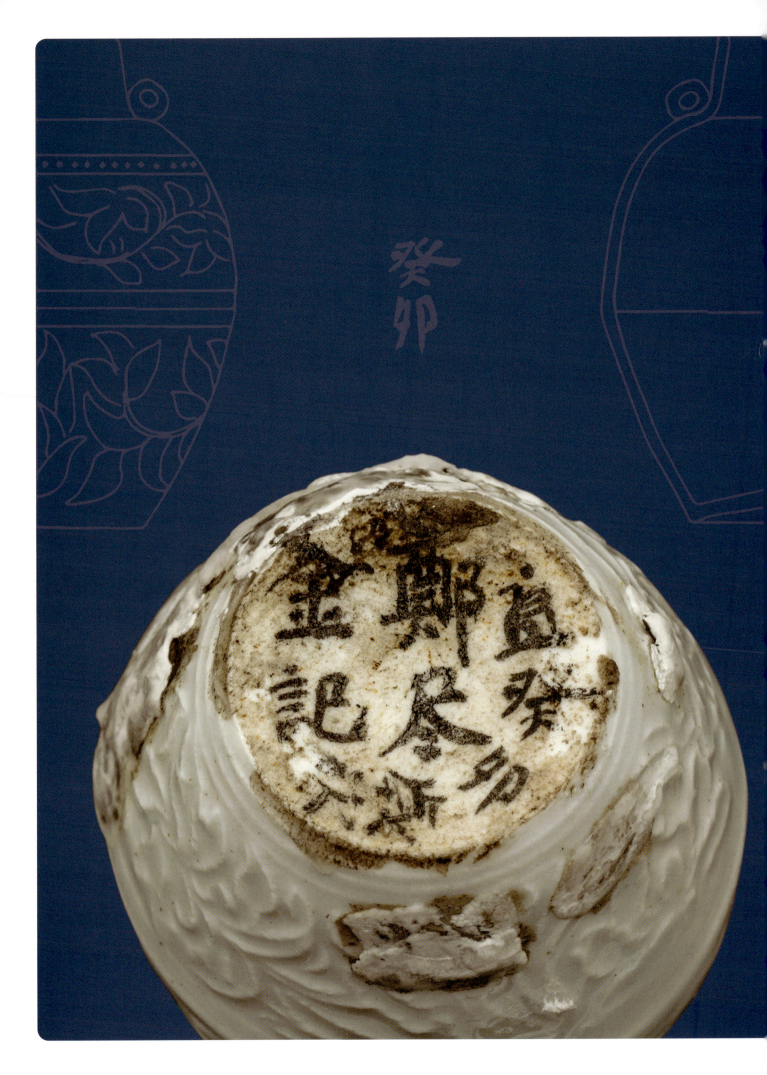

前 言
Prologue

　　"南海Ⅰ号"是迄今为止全世界考古发现的保存最完整，且年代较早、体量最大的远洋贸易商船。其沉没地处在广东通往南海海上交通的主航道上，也是南海海上丝绸之路必经之地。"南海Ⅰ号"上巨量外销瓷、大量手工艺制品和日常生活用品及众多金、银、铜质货币的发现，呈现了南宋时期海洋活动的繁荣景象。

　　近年来，南越国宫署遗址新发现与"南海Ⅰ号"、佛山南海奇石窑和文头岭窑同出一源的印纹酱釉罐，研究人员采取多学科综合研究方法，将古代货物生产基地—商品集散地—贸易路线等联系起来，实证广州是"南海Ⅰ号"最后离岸港口。

　　2023年是"一带一路"倡议实施十周年，我们汇聚广州南越国宫署遗址、"南海Ⅰ号"沉船、佛山南海诸窑、香港九龙圣山遗址、澳门圣保禄学院遗址等与海丝相关的窑址、港口、沉船等重要考古发现，为大家展示一段生动、立体的海上丝绸之路大湾区故事与中国故事。

从广州出发

SAILING FROM GUANGZHOU

"南海I号"
与
海上丝绸之路

NANHAI I SHIPWRECK
AND
THE MARITIME SILK ROAD

第一部分

"南海 I 号"
的
困惑

THE CONFUSION ABOUT NANHAI I

　　八百多年前，一艘满载货物的帆船航行在广东海域，行至台山、阳江交界不幸沉没。1987 年，它被发现，后被命名为"南海 I 号"，此后三十余年的打捞、发掘和研究工作取得了巨大成果。然而，围绕"南海 I 号"至今仍有许多谜题尚待解开。近年来，研究人员从船上出土酱釉罐入手，解开了其最后离岸港口之谜。

"南海Ⅰ号"档案

名　　称："南海Ⅰ号"沉船

船　　型：福　船

船体尺寸：残长约 22 米，最大宽度约 10 米，残深约 3.3 米

载　重　量：约 800 吨

沉没地点：广东下川岛西南约 19 千米处

沉没时间：南宋淳熙十年（1183 年）冬或之后不久

发现时间：1987 年

整体打捞时间：2007 年

出土文物总量（截至 2019 年）：近 18 万件（套），其中瓷器约 16 万件（套），铁器凝结物 124 吨

主要出土遗存：瓷器、铜铁器、金银器、漆木器、钱币、朱砂、人类遗骸、动植物遗存等

一　沉船问罐

围绕"南海Ⅰ号"的船货产地和集散地历来有诸多猜测，若干关于贸易路线的问题仍未得到确切答案。对于粤港澳大湾区多个遗址出土的酱釉罐与"南海Ⅰ号"的同类器物是否存在联系等困惑也悬而未解。

学术界此前有观点认为"南海Ⅰ号"是从福建泉州港发舶，为缩短航程，弃沿海航线，选择从广东外海跨洋航行。然而"南海Ⅰ号"沉没于广州通往南海航线的"放洋之地"附近，从航路推测，其应停靠过广州港。

≈ 瓷器凝结物

南宋（1127～1279年）

"南海 I 号"沉船出土

广东省文物考古研究院藏

残径 45、残高 45 厘米

　　南宋朱彧《萍洲可谈》记载宋代海船装载货物的方式有："货多陶器，大小相套，无少隙地。""南海 I 号"沉船出土的瓷器凝结物反映了此种大容量器物内套装多件小型器物的包装方式。

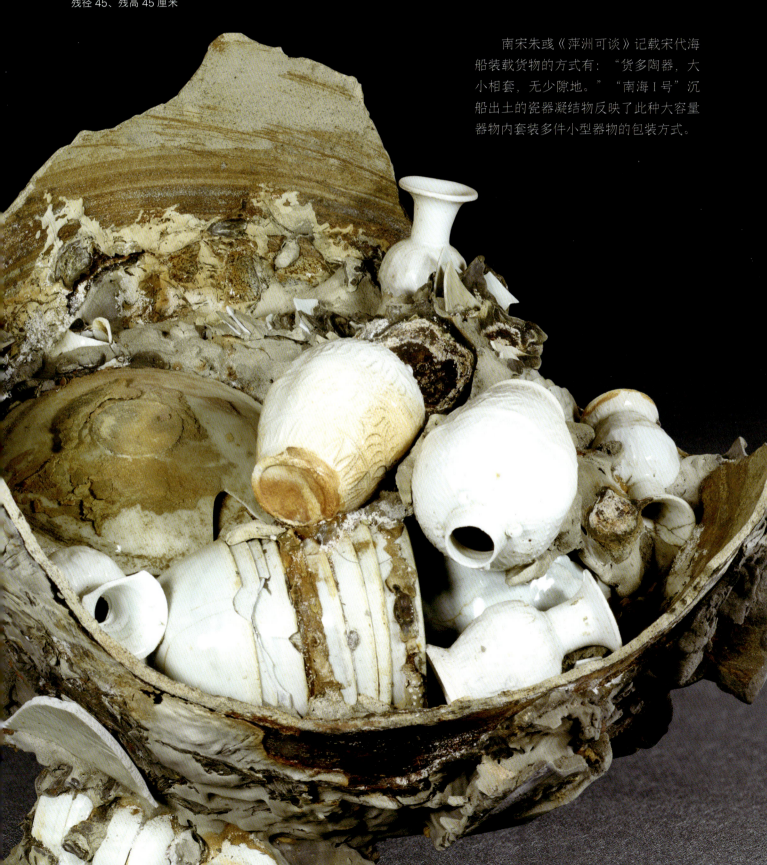

"南海Ⅰ号"沉船现存15个船舱，第9、10号舱下部出土有大量肩部施印花、印文的酱釉罐，此前学术界普遍认为这是福建磁灶窑产品。除此以外，是否还有其他窑口产品？目前有学者将海上丝绸之路沿线古港与沉船遗址出土的酱釉储物罐统称为"广东罐"（Kwantung Jar），认为其主要产自华南地区，具体窑口未明。

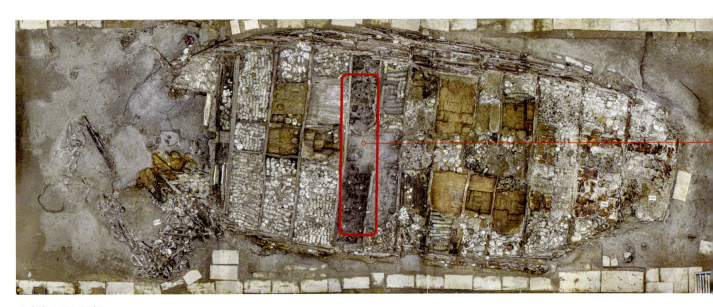

"南海Ⅰ号"沉船

"南海 I 号"酱釉罐出土现场

六朝酱釉五耳罐

唐代酱釉四耳罐

北宋酱釉罐

北宋酱釉印花水波纹四耳罐

宋代酱釉"光明"印文四耳罐

明代酱釉四耳罐

宋代酱釉"潘宅号"印文四耳罐

　　研究人员在梳理粤港澳大湾区考古遗址发掘材料时，发现多个遗址出土与"南海Ⅰ号"相似的酱釉罐，其中南越国宫署遗址更是发现了南朝至明清时期序列清晰、年代明确的酱釉罐，此类储物罐即学者所称的"广东罐"。研究表明，佛山南海诸窑是其主要产地之一，可见广东地区一直延续着生产酱釉储物罐的传统。

唐代青釉四耳罐

粤港澳大湾区出土"广东罐"分布示意图

明代黄釉划花缠枝花卉纹罐

北

江

西   江

东

广州南越国宫署遗址

南海奇石窑遗址

惠州东平村明墓

江

珠
江
口

深圳铁仔山明墓

新会官冲窑遗址

香港九龙圣山遗址

澳门圣保禄学院遗址

明代酱黄釉划花
缠枝花卉纹四耳罐

宋元酱釉堆塑龙纹六耳罐

明代酱釉"源"字印文罐残件

〰 **宋代广东酱釉四耳罐**

美国弗利尔·赛克勒亚洲美术博物馆藏（黄慧怡供图）

〰 **唐代广东青釉六耳罐**

荷兰公主庭院陶瓷博物馆藏（黄慧怡拍摄）
其肩上刻有波斯摩尼字母 "yag"，即 "油" 的意思。

菲律宾考古发现的"广东罐"

菲律宾国家博物馆藏（黄慧怡拍摄）

马来西亚考古发现的"广东罐"

马来西亚婆罗洲文化博物馆藏（黄慧怡拍摄）

①

②

酱釉印花四耳罐

南宋（1127～1279 年）

"南海Ⅰ号"沉船出土　　　　①（南海窑）口径 13.1、腹径 34.6、底径 15.9、高 38.1 厘米

广东省文物考古研究院藏　　②（磁灶窑）口径 13.2、腹径 34.1、底径 16.1、高 38.6 厘米

　　"南海Ⅰ号"沉船出土的酱釉罐，从胎质、施釉方法、纹饰、烧制工艺等观察，可分为两个类别，应属于磁灶窑和南海窑两个不同窑口产品。

	内 壁	底 部	戳印纹饰与文字		
磁灶窑					
南海窑					

南海窑酱釉"政和元年"印文四耳罐残件

北宋政和元年（1111年）

佛山南海奇石窑址采集

佛山市博物馆藏

口径14、残高8厘米

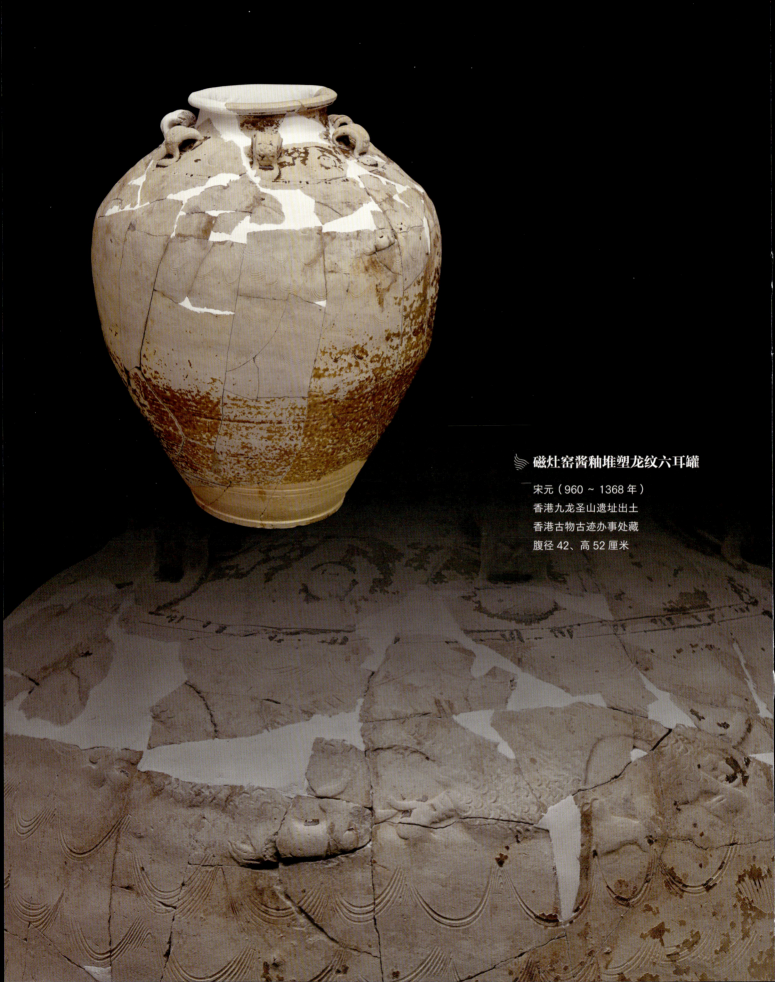

磁灶窑酱釉堆塑龙纹六耳罐

宋元（960～1368年）
香港九龙圣山遗址出土
香港古物古迹办事处藏
腹径42、高52厘米

南海窑酱釉堆塑龙纹罐残片

元（1271 ~ 1368 年）
南越国宫署遗址出土
南越王博物院藏
残宽 34、残高 12 厘米

石湾窑酱釉"源"字
印文罐残件

明（1368 ~ 1644 年）
澳门圣保禄学院遗址出土
澳门文化局文化遗产厅藏
口径 11.5、残高 6.1 厘米

酱釉水波纹罐残件

明（1368 ~ 1644 年）
澳门圣保禄学院遗址出土
澳门文化局文化遗产厅藏
口径 10.3、残高 11.7 厘米

🌊 **黄釉划花缠枝花卉纹罐**

明（1368 ～ 1644 年）

惠州东平村明墓出土

惠州市博物馆藏

口径 9、腹径 24、底径 12、通高 28 厘米

酱黄釉划花缠枝花卉纹四耳罐

明（1368 ～ 1644 年）
深圳铁仔山明墓出土
深圳博物馆藏
口径 11.5、腹径 30、底径 13.4、高 29 厘米

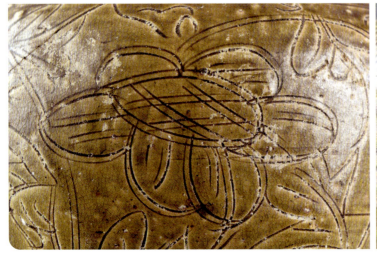

酱釉划花缠枝花卉纹罐残件

明（1368 ~ 1644 年）
香港竹篙湾遗址出土
香港古物古迹办事处藏
口径 11、残宽 24、残高 8.7 厘米

酱釉划花缠枝花卉纹罐残片

明（1368 ~ 1644 年）
香港竹篙湾遗址出土
香港古物古迹办事处藏
残长 24.4、残宽 11 厘米

(二) 粤地寻迹

研究人员组成团队，开展"南海Ⅰ号"酱釉罐产地、集散、流通、消费等课题研究，通过多学科综合研究，证实了南越国宫署遗址和"南海Ⅰ号"出土的部分酱釉罐产自南海奇石窑和文头岭窑，明确了"南海Ⅰ号"装载有"广东罐"。

"南海Ⅰ号"、南越国宫署遗址及南海诸窑酱釉罐上发现的相似印花和印文

"南海Ⅰ号"						
	花卉绶带纹	"酒墱"	"吴字号"	"梁宅"	"乾道直号"	
南越国宫署遗址					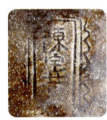	
	花卉绶带纹	"酒墱"	"张字号"	"余宅号"	"陈宅莲花"	"清香"
南海诸窑						
	花卉绶带纹	"宅酒墱"（反文）	"林字号"	"梁宅酒"	"陈宅号"	"清香"

南海窑酱釉"梁宅"印文四耳罐

南宋（1127～1279年）
"南海I号"沉船出土
广东省文物考古研究院藏
口径12.2、腹径32、底径14.5、高36.2厘米

南海窑酱釉"吴宅"
印文罐残片

宋（960 ～ 1279 年）
南越国宫署遗址出土
南越王博物院藏
残长 8.5 厘米

南海窑酱釉"梁宅酒"
印文罐残片

南宋（1127 ～ 1279 年）
佛山南海文头岭窑址采集
广东省文物考古研究院藏
残口径 13、残高 6.5 厘米

南海窑酱釉"酒墱"印文四耳罐

南宋（1127～1279年）

"南海Ⅰ号"沉船出土

广东省文物考古研究院藏

口径12.6、腹径33.9、底径15.6、高36.4厘米

　　南宋赵汝适《诸蕃志·凌牙斯加国》记载："番商兴贩用酒、米、荷池结绢、磁器等为货……如酒壹墱、准银一两。"墱即埕或坛，为广东等地方言。酱釉罐肩部印"酒墱"表明类似酱釉罐多用来装酒。

〰 **南海窑酱釉"酒瓮"印文罐残片**

宋（960 ~ 1279 年）

南越国宫署遗址出土

南越王博物院藏

残长 6.5 厘米

〰 **南海窑酱釉"林宅酒瓮"印文罐残片**

宋（960 ~ 1279 年）

广州科学馆工地出土

广州市文物考古研究院藏

残长 20 厘米

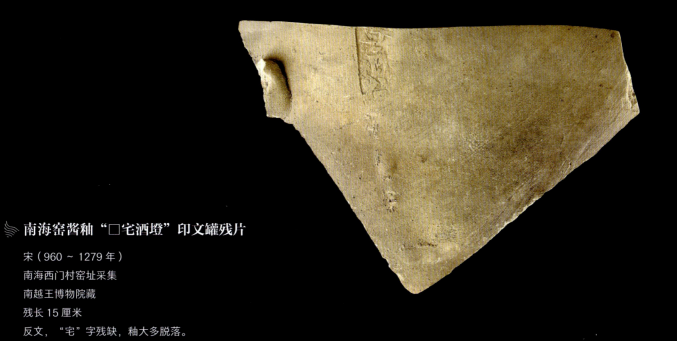

南海窑酱釉“□宅酒墱”印文罐残片

宋（960～1279年）
南海西门村窑址采集
南越王博物院藏
残长15厘米
反文，“宅”字残缺，釉大多脱落。

南海窑酱釉印花花卉绶带纹罐残片

宋（960～1279年）
佛山南海奇石窑址采集
佛山市博物馆藏
残长15、残宽9.7厘米

研究团队赴佛山南海诸窑开展考古调查与抢救性考古发掘，采集和清理出与"南海I号"沉船高度一致的酱釉印文、印花罐标本。又识别出"南海I号"出土"乾道直号"和"淳熙十年"纪年款酱釉罐，明确南海诸窑到南宋中晚期仍盛烧不衰。

南海西门村窑址平焰式斜坡龙窑

南海文头岭窑址障焰柱斜坡龙窑

南海诸窑位置分布示意图

南海西门村窑址废弃堆积清理

南海奇石村窑址发掘现场

南海窑酱釉"乾道直号"印文罐残件

南宋乾道年间（1165～1173年）

"南海 I 号"沉船出土

广东省文物考古研究院藏

口径 11.9、残宽 35 厘米

"乾道"是南宋孝宗第二个年号
（1165～1173年），"南海 I 号"上
也发现有"乾道元宝"铜钱。

🌊 南海窑酱釉"淳熙十年"印文四耳罐

南宋淳熙十年（1183年）

"南海Ⅰ号"沉船出土

广东省文物考古研究院藏

口径12.9、腹径34.6、底径16.8、高38.3厘米

淳熙十年即1183年，"南海Ⅰ号"沉船目前发现的最晚年号铜钱为南宋孝宗时期的"淳熙元宝"（1174～1189年）。"淳熙十年"印文罐的发现对推断"南海Ⅰ号"沉没时间至关重要。

〰 **"乾道元宝"铜钱**

南宋乾道年间（1165 ~ 1173 年）

"南海 I 号"沉船出土

广东省文物考古研究院藏

直径 2.8 厘米

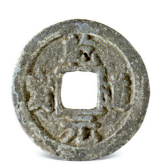

〰 **"淳熙元宝"铜钱**

南宋淳熙年间（1174 ~ 1189 年）

"南海 I 号"沉船出土

广东省文物考古研究院藏

直径 2.9 厘米

南海窑酱釉"丙子年"印文四耳罐

南宋绍兴二十六年（1156年）

"南海 I 号"沉船出土

广东省文物考古研究院藏

口径 12.9、腹径 34.1、底径 17、高 35.7 厘米

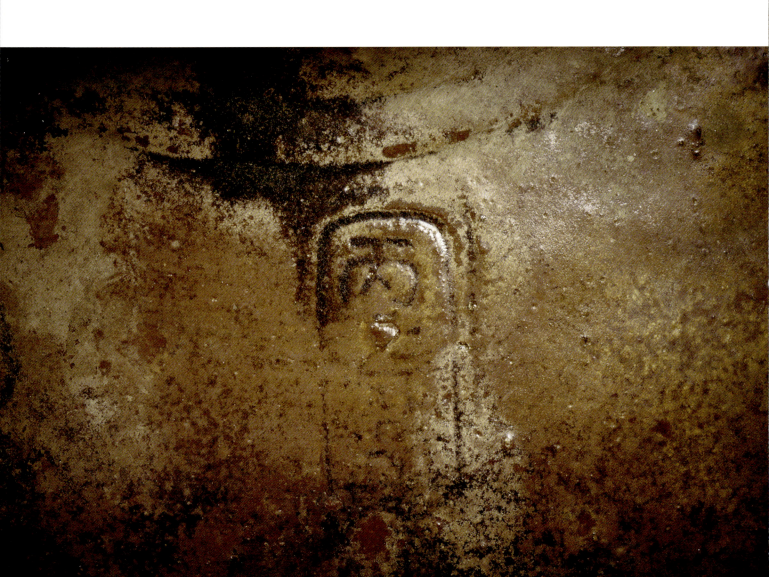

丙子年在南宋时期共出现三次，结合船上出土的其
他纪年材料，可确定此丙子年为绍兴二十六年（1156年）。

德化窑青白釉墨书"郑尽金记直癸卯岁次"印花双耳罐

南宋淳熙十年（1183年）

"南海 I 号"沉船出土

广东省文物考古研究院藏

口径3、腹径6.8、底径3.9、高8.4厘米

　　此罐底部有墨书"癸卯岁次"字样。癸卯年在南宋时期共出现两次，一是淳熙十年（1183年），二是淳祐三年（1243年）。结合"淳熙十年"印文罐与"淳熙元宝"铜钱，基本可确定"南海 I 号"沉没时间是在1183年或之后不久。据考证，"郑尽金"应是南宋时期福建泉州德化三班村瓷器的经营者。

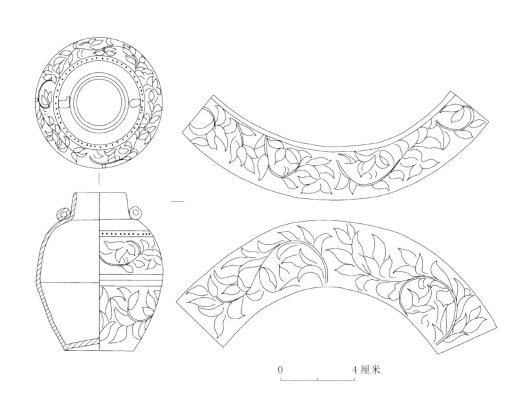

0 　　　　4厘米

通过对南越国宫署遗址、"南海 I 号"沉船、南海诸窑出土的同类酱釉罐标本从器形、胎质、釉色、纹饰、印款、工艺等进行比对，同时经北京大学考古文博学院进行成分检测，分析表明，南越国宫署遗址与"南海 I 号"大部分酱釉罐产自南海诸窑。

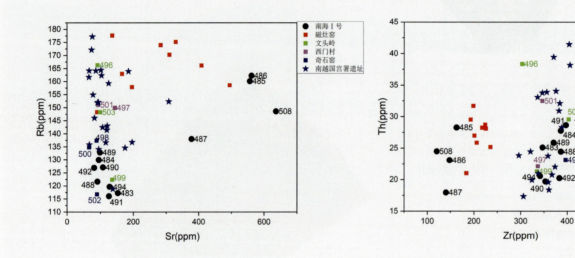

此项研究采用便携式 X 荧光光谱分析技术对酱釉罐进行成分分析。结果表明，"南海 I 号"、南越国宫署遗址与南海奇石窑、文头岭窑的部分标本数据呈现高度正相关性。

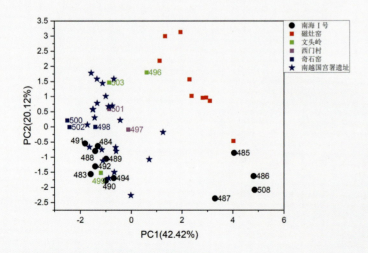

"南海 I 号"、南越国宫署遗址与南海奇石窑、文头岭窑及福建磁灶窑出土酱釉罐的成分对比图

部分酱釉罐残片检测标本

南宋（1127～1279年）

"南海Ⅰ号"沉船出土

广东省文物考古研究院藏

部分酱釉罐残片检测标本

宋（960～1279年）

南越国宫署遗址出土

南越王博物院藏

部分酱釉罐残片检测标本

宋（960～1279年）

佛山南海诸窑址采集

广东省文物考古研究院藏

南海窑酱釉"吴字号"印文四耳罐

南宋（1127 ～ 1279 年）

"南海 I 号"沉船出土

广东省文物考古研究院藏

口径 13.2、腹径 32.9、底径 15.2、高 36.8 厘米

南海窑酱釉"徐赏立"印文四耳罐

宋（960～1279年）

南越国宫署遗址出土

南越王博物院藏

口径 13、腹径 35.5、底径 16、高 40 厘米

南海窑酱釉"潘宅号"印文四耳罐

宋（960～1279年）

佛山南海奇石窑址采集

佛山市博物馆藏

口残径13、腹径38、高39厘米

SAILING FROM GUANGZHOU

从广州出发

"南海I号"
与
海上丝绸之路

NANHAI I SHIPWRECK
AND
THE MARITIME SILK ROAD

第二部分

"南海Ⅰ号"
的
旅程

THE JOURNEY OF NANHAI I

　　"南海Ⅰ号"所装载的船货,可分为金银铜货币、黄金奢侈品、瓷器、铁器、铜器、漆器等几大类。时间拨回八百余年前,"南海Ⅰ号"在广东沉没前,曾去过哪里采买货物?它最终在哪里完成了船货的装载、启航前的补给?让我们回到沉船现场,透过船上出土文物中蕴藏的丰富信息,重构"南海Ⅰ号"的这段旅程。

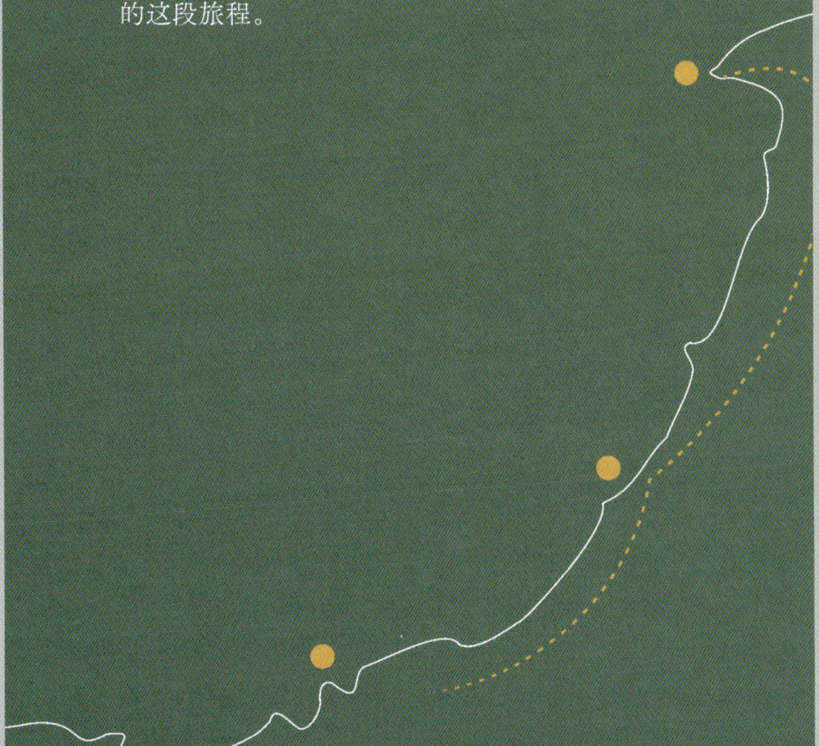

一 潮起两浙

临安（今杭州）在南宋时期成为全国政治、经济、文化中心，两浙（今浙江及江苏南部地区）是临安的经济腹地。"南海 I 号"上发现的金银货币、铜镜就产自临安和湖州地区，景德镇窑和龙泉窑瓷器也大都经临安、明州（今宁波）、温州等地集散、销售。

南宋临安（今杭州）金银交引铺分布图

（图片出处：浙江省博物馆编《金银同辉——南宋金银货币精华》，文物出版社，2019 年，第 248 页）

南宋时期临安的金银交引铺不仅打造金银，还参与交引买卖、兑换等交易。南宋政府规定上贡金银需刻上金银铺名、工匠字号等。金叶子上的人名、铺名和地名应与这些管理制度相关，也具有一定的广告效应。

纲首日记

癸卯年八月十八，天气：晴，地点：临安（今杭州）

午后，临安城大街小巷的店铺早早关了门，大家都在城外江边，等待着一年一度的观潮盛会。听说官家也在浙江亭观潮，百官从驾。江面上一字排开几百艘军船，军士们在船上乘骑弄旗，标枪舞刀，如履平地。忽地只听几声巨响，五色烟炮弥漫江面。烟消船散，水面横起一条移动的白线，从天际线处扑面而来。突然一群弄潮儿出现在江中，手持彩旗、花伞，表演踏混木、水傀儡、水百戏、撮弄，身形矫健地踏浪而行。

观潮已毕，我与蔡、林、陈、杨几位相熟的商贾，还有一位蒲姓蕃客信步走在御街上。大家商量起今年冬天合伙出洋做买卖的事，人人踌躇满志。蒲蕃客常去大食，他说随身带些金叶子、碎金最能应付大宗交易；林、陈则说青白瓷在阇婆销路最广；蔡、杨提到处州青瓷器质地粗厚，自庆元府北上贩到高丽、日本，或南下泉州、广州卖到三佛齐、丹流眉，都是稳赚不赔的好买卖。

★观潮取材自南宋周密《武林旧事》"乾淳奉亲"篇淳熙十年八月十八日钱塘观潮；瓷器名称、销往国家参考自南宋赵汝适《诸蕃志》、南宋庄绰《鸡肋编》、《宋会要·职官》、元汪大渊《岛夷志略》。

　　金叶子，是南宋时期流通的折叠薄片状黄金货币，具有携带方便、易分割的特点，非常适宜远洋贸易。有的金叶子上还有示意可以分割的剪刀图案。

　　金叶子一般为书页状，折叠成十页或四页。重量一般在 40 克左右，即宋代一两。

南宋"保佑坊"铭款一两十折金叶子（温州博物馆藏）

杭州南宋墓出土的"韩四郎"铭款金叶子

"南海 I 号"出土试金石（广东海上丝绸之路博物馆藏）

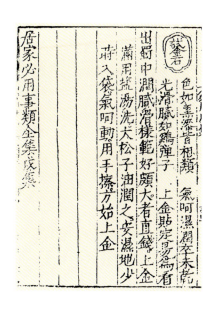

　　元代佚名《居家必用事类全集·戊集》记载验金人将黄金在此石表面轻轻擦拭，通过观察留下的痕迹与声音，即可判断金子真伪与成色。

小金片

南宋（1127～1279年）

"南海Ⅰ号"沉船出土

广东省文物考古研究院藏

重 1.58 克

"霸南街东王助教□"铭款金叶子

南宋（1127～1279年）

"南海Ⅰ号"沉船出土

广东省文物考古研究院藏

长 10.3、宽 3.3、厚 0.4 厘米，重 38.5 克

　　金叶子正面中央戳印"王助教□"，四角戳印自上向下排列的"霸南街东"。助教是南宋时期州中散官，官阶较低，以官位标记货币或许有彰显信誉与广告之用。

"晋李四郎金"铭款金叶子

南宋（1127 ~ 1279 年）

"南海 I 号"沉船出土

广东省文物考古研究院藏

长 10.7、宽 3.3、厚 0.4 厘米，重 39.4 克

"十分金韩四郎"铭款金叶子

南宋（1127 ~ 1279 年）

"南海 I 号"沉船出土

广东省文物考古研究院藏

长 9.2、宽 2.9、厚 0.2 厘米，重 38.5 克

"霸南街东杭四二郎重贰拾伍两"铭款银铤

南宋（1127～1279年）
"南海 I 号"沉船出土
广东省文物考古研究院藏
长 11.5、宽 5.3～7.6、厚 1.7 厘米，重 973.17 克

霸头是南宋临安（今杭州）的重要地名，又称坝头，因远古时期是江海坝头得名。其位于御街中段市西坊一带，是当时最繁华的商业街区。霸南街东即霸头南面、御街东面之意，在市南坊东面的贤福坊一带。

　　"京销"是南宋银铤中最为常见的款记之
一，说明其产地在京城临安（今杭州）。

※ **"张二郎京销铤银"铭款银铤**

南宋（1127 ~ 1279 年）

"南海Ⅰ号"沉船出土

广东省文物考古研究院藏

长 12.2、宽 7.6 厘米，重 1913.99 克

宋代许多商品已经形成区域化生产，例如铜镜主要产自两浙，以湖州镜最为出名。商家在产品上标记产地、工匠名、商号名等，逐渐形成品牌，湖州"石家铜镜"即此类例证。

"湖州石十二郎□□□照子"铭款带柄葵花形铜镜

南宋（1127 ~ 1279 年）
"南海Ⅰ号"沉船出土
广东省文物考古研究院藏
通长 16.2、镜长 9、镜宽 8.3、镜柄长 7.2 厘米

"湖州"铭文菱花形铜镜

北宋（960 ～ 1127 年）
广州先烈路出土
广州市文物考古研究院藏
直径 10.8、厚 0.45 厘米

双龙戏珠纹带柄菱花形铜镜

宋（960～1279年）

广州麓湖公园出土

广州市文物考古研究院藏

通长 21.2、镜面直径 11.9、镜柄长 9、厚 0.2 厘米

"南海 I 号"　纲首日记

癸卯年闰冬月十五，天气：风急波峻，地点：明州（今宁波）

晨起西南空中云雾聚集，午后大雨如注，仿佛浓黑色的大瓮倒扣在甲板上。今日我们到达甬江之上，急风高浪，只好江口泊船，待到雨停后，再进明州城。

明州城四郭皆有草市，来自湘湖、湖田、盈田、柳家湾、牛屎岭、枫湾的上好青白瓷器成摞码放，一个莲瓣碗三十个铜钱足以买到，执壶略微贵些，七十个铜钱。青黄、青灰和青绿的大盘、碗、碟也是我这趟重点采购的对象。我让水手们把这些碗、碟大小依次码好，几十个摞为一组，用竹条包夹，再用竹篾包装在外，整齐码放进船舱。

★ 本部分取材自"南海 I 号"发掘中发现的龙泉窑瓷器主要装载方式。瓷器价格参考自宋代纪年墓出土瓷器墨书，如河北定州静志寺塔基出土定窑白釉刻花莲瓣碗墨书所记"太平兴国二年（977 年）……钱叁拾足陌"，即三十个铜钱购得。

"南海 I 号"上发现了种类比较丰富的景德镇窑、龙泉窑瓷器。景德镇窑青白瓷以"白如玉，明如镜，薄如纸，声如磬"而名满天下，有"饶玉"之誉，不仅行销国内市场，也是著名的外销瓷产品。如南宋赵汝适《诸蕃志》中就记载阇婆国（今印度尼西亚爪哇岛或苏门答腊岛）客商喜用青白瓷器交易。

龙泉窑瓷器在"南海 I 号"内的装载方式

景德镇窑瓷器在"南海Ⅰ号"内堆放情况，间有部分德化窑瓷器

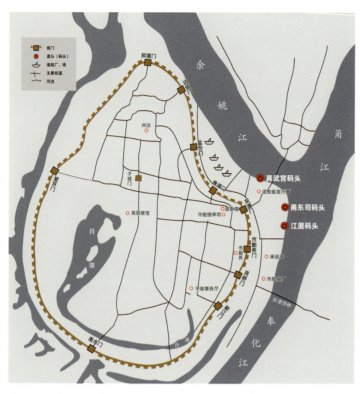

宋代明州（今宁波）市舶遗迹示意图

20世纪80年代初，宁波东门口码头遗址、江厦码头遗址、渔浦城门遗址和码头基址等地陆续发现了与航运贸易相关的遗迹和遗物。例如宁波宋元市舶库附近的东门口海运码头遗址考古发掘中出土了大量龙泉窑、景德镇窑瓷器残片，显然是在运输、装卸过程中被损坏而丢弃在此。证实了宁波古港是宋元时期此类瓷器外销集散地之一。

宁波永丰库遗址所在地，先后为南宋常平仓、元代永丰库和明代宏济库。这里是中国考古发现的最早的古代地方大型仓储遗址，出土遗物证实宁波是古代海外贸易的始发港之一。

宁波永丰库遗址公园（宁波市文化遗产管理研究院供图）

宁波和义路南宋沉船发现于2003年,是一艘可航行于近海的小型交通运输船。船体长约9.2米,最宽处约2.8米,其间有流水孔相通。

宁波和义路南宋沉船发掘现场(宁波市文化遗产管理研究院供图)

景德镇湖田窑址以湖田村为中心,包括豪猪岭、琵琶山、刘家坞、乌龟岭等窑址,始烧于五代,烧造青瓷和白瓷。在宋代有很大发展,烧制胎白细腻、色质如玉的青白瓷。

景德镇湖田窑遗址

景德镇窑青白釉印花莲荷纹花口盘

南宋（1127～1279年）

"南海Ⅰ号"沉船出土

广东省文物考古研究院藏

口径 14.1、底径 3.9、高 2.7 厘米

景德镇窑青白釉印花枝梅纹花口盏

"南海Ⅰ号"沉船出土
广东省文物考古研究院藏
口径 11.5、底径 4.5、高 5.1 厘米

景德镇窑青白釉刻划婴戏纹碗

南宋（1127 ~ 1279 年）

"南海 I 号"沉船出土

广东省文物考古研究院藏

口径 22.7、底径 6.4、高 8.7 厘米

婴戏纹作为瓷器装饰题材最早可追溯至唐代，入宋后开始流行。宋代经历唐末五代战乱，休养生息、人丁兴旺成为社会主流心态，在这种时代背景下，婴戏纹饰应运而兴。

景德镇窑青白釉刻划枝梅纹芒口盏

南宋（1127 ~ 1279 年）

"南海I号"沉船出土

广东省文物考古研究院藏

口径 8.8、底径 4.1、高 4 厘米

景德镇窑青白釉菊瓣纹花口碟

南宋（1127 ~ 1279 年）

"南海I号"沉船出土

广东省文物考古研究院藏

口径 14、底径 7.3、高 3.4 厘米

温州朔门古港遗址发掘区分布示意图

2021 年底，浙江省温州市在基建考古中发现了朔门古港遗址，荣获 2022 年度"全国十大考古新发现"。朔门古港遗址出土的瓷片，九成以上为龙泉青瓷，涵盖了龙泉南区、东区及下游永嘉境内诸窑场产品。可知朔门港是龙泉窑瓷器的主要集散地和始发港。

龙泉窑青釉菊瓣纹盘

南宋（1127 ~ 1279 年）

"南海Ⅰ号"沉船出土

广东省文物考古研究院藏

口径 18.9、底径 5.7、高 4.2 厘米

"河滨遗范"取自圣人虞舜在河滨成功地烧造出无瑕陶器的传说,典出《史记·五帝本纪》。这是宋代龙泉窑瓷器屡见不鲜的铭款,表示此器品质优良,有舜帝制陶风范。

龙泉窑青釉"河滨遗范"印款碗

南宋（1127 ~ 1279 年）
"南海Ⅰ号"沉船出土
广东省文物考古研究院藏
口径 18.8、底径 6.3、高 8.1 厘米

〰 **龙泉窑青釉刻划缠枝花卉纹盘**

南宋（1127 ~ 1279 年）

"南海 I 号" 沉船出土

广东省文物考古研究院藏

口径 15.8、足径 5.8、高 4.4 厘米

〰 **龙泉窑青釉刻划莲瓣纹碗**

南宋（1127 ~ 1279 年）

"南海 I 号" 沉船出土

广东省文物考古研究院藏

口径 12.8、底径 5.4、高 6 厘米

龙泉窑青釉菊瓣纹碟

南宋（1127 ~ 1279 年）

"南海Ⅰ号"沉船出土

广东省文物考古研究院藏

口径 10.4、底径 5.9、高 1.9 厘米

泉州九日山祈风石刻

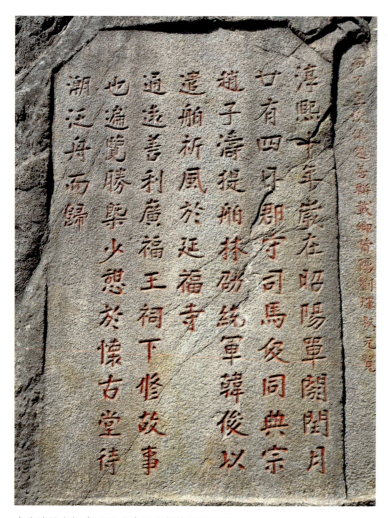

南宋淳熙十年（1183年）司马伋等祈风石刻

泉州九日山祈风石刻是一组记载了宋代在泉州负责海外贸易管理的国家专员、地方官以及皇室成员等为海外贸易商舶举行祈风仪式的摩崖石刻。现存十方宋代祈风石刻，分布于九日山东、西两峰的崖壁上，记述了每次祈风的时间、地点、参加者姓名和仪式结束后的活动等内容。其中一块南宋淳熙十年（1183年）的石刻恰与"南海Ⅰ号"出土纪年瓷器时间吻合。

德化窑址

德化窑址是宋元时期泉州内陆地区外销瓷窑址，位于德化县三班镇西北。器形多以碗、盘、盒、洗、执壶、军持、瓶等日用器为主。在制作过程中流行刻花、划花、模印等多种装饰手法。

磁灶金交椅山窑址 Y2 遗迹

磁灶窑产品的胎质大多粗松，釉色丰富，有青釉、酱釉、黑釉、绿釉等，施釉处多上一层化妆土，弥补了瓷土粗糙的不足。

德化窑青白釉印花双耳罐

南宋（1127 ~ 1279 年）

"南海Ⅰ号"沉船出土

广东省文物考古研究院藏

口径 2.7、腹径 6.8、底径 3.9、高 8.2 厘米

德化窑青白釉印花四耳小罐

南宋（1127 ~ 1279 年）

"南海Ⅰ号"沉船出土

广东省文物考古研究院藏

口径 4.7、腹径 11.4、底径 7.1、高 9.9 厘米

〰 **德化窑青白釉印花四耳小罐**

南宋（1127 ~ 1279 年）

"南海 I 号"沉船出土

广东省文物考古研究院藏

口径 3.9、腹径 8.9、底径 5.3、通高 9.1 厘米

罐内装有若干器盖。

德化窑青白釉乳丁纹四耳兽纽盖罐

南宋（1127～1279年）

"南海I号"沉船出土

广东省文物考古研究院藏

口径5.7、底径6.3、最宽11.5、通高18.9厘米

带有乳丁、兽纽等纹饰的小罐在东南亚地区发现较多。

德化窑青白釉乳丁纹四耳小罐

南宋（1127～1279年）

"南海I号"沉船出土

广东省文物考古研究院藏

口径5.7、腹径12、底径6.3、高15.4厘米

德化窑青白釉划花碗

南宋（1127 ～ 1279 年）

"南海 I 号" 沉船出土

广东省文物考古研究院藏

口径 28、底径 8.9、高 8.6 厘米

德化窑青白釉刻划莲花纹花口盘

南宋（1127 ~ 1279 年）

"南海 I 号"沉船出土

广东省文物考古研究院藏

口径 32.4、底径 9.5、高 8.4 厘米

德化窑青白釉印花盒

南宋（1127 ～ 1279 年）

"南海Ⅰ号" 沉船出土

广东省文物考古研究院藏

口径 13.7、底径 6.8、通高 6.7 厘米

德化窑青白釉盒

南宋（1127 ~ 1279 年）

"南海 I 号"沉船出土

广东省文物考古研究院藏

口径 10.1、底径 8.3、通高 4.3 厘米

内装有数个铜环。外底部墨书"陈直"。

德化窑青白釉小盒

南宋（1127 ～ 1279 年）

"南海I号" 沉船出土

广东省文物考古研究院藏

口径 4.8、底径 3.1、通高 2.7 厘米

德化窑青白釉葫芦瓶

南宋（1127 ～ 1279 年）

"南海I号" 沉船出土

广东省文物考古研究院藏

口径 1.5、腹径 6.1、底径 4、高 8.4 厘米

德化窑青白釉印花莲瓣纹喇叭口瓶

南宋（1127 ~ 1279 年）

"南海 I 号"沉船出土

广东省文物考古研究院藏

口径 5.4、腹径 6.1、底径 5.2、高 10.7 厘米

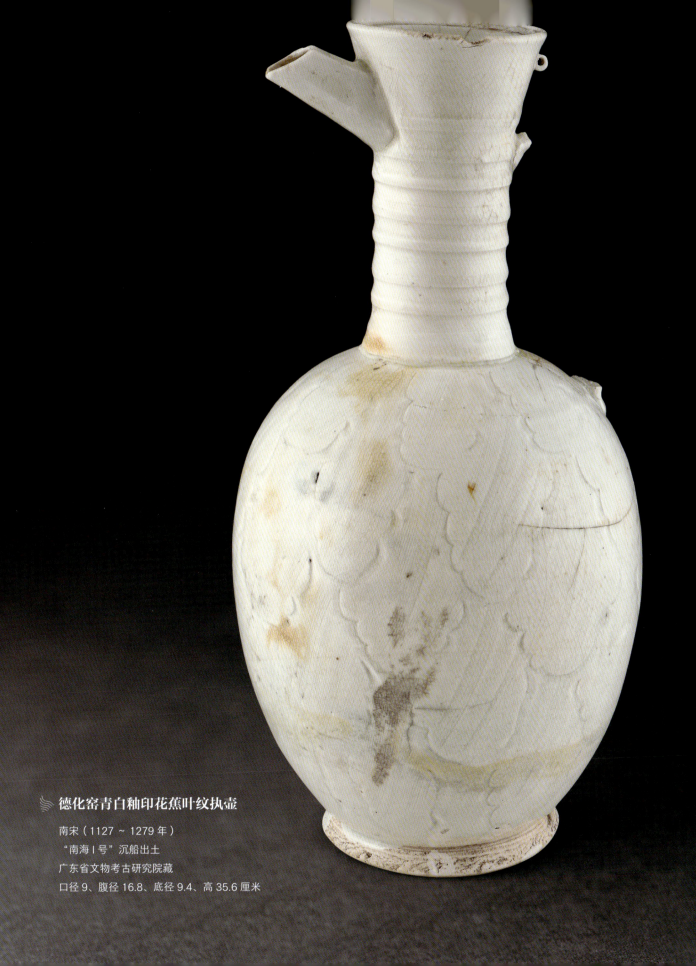

德化窑青白釉印花蕉叶纹执壶

南宋（1127～1279年）

"南海Ⅰ号"沉船出土

广东省文物考古研究院藏

口径 9、腹径 16.8、底径 9.4、高 35.6 厘米

德化窑青白釉印花执壶

南宋（1127 ~ 1279 年）

"南海 I 号"沉船出土

广东省文物考古研究院藏

口径 5.2、腹径 11.8、底径 6.7、高 16.6 厘米

德化窑青白釉印花竖条纹执壶

南宋（1127 ~ 1279 年）

"南海 I 号"沉船出土

广东省文物考古研究院藏

口径 7、腹径 12.8、底径 7.3、高 21.2 厘米

德化窑青白釉印花执壶

南宋（1127 ~ 1279 年）

"南海 I 号"沉船出土

广东省文物考古研究院藏

口径 7.5、腹径 13.3、底径 8.3、通高 25.8 厘米

德化窑青白釉印花执壶

南宋（1127 ~ 1279 年）

"南海Ⅰ号"沉船出土

广东省文物考古研究院藏

口径 5.8、腹径 12.1、底径 6.7、通高 21.6 厘米

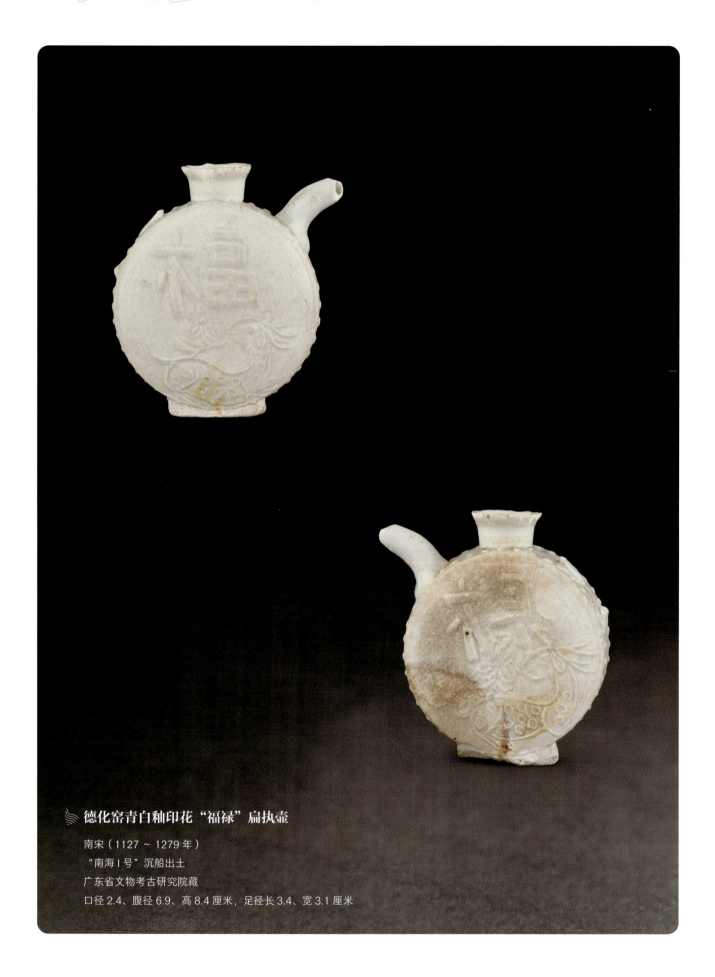

德化窑青白釉印花"福禄"扁执壶

南宋（1127 ～ 1279 年）

"南海Ⅰ号"沉船出土

广东省文物考古研究院藏

口径 2.4、腹径 6.9、高 8.4 厘米，足径长 3.4、宽 3.1 厘米

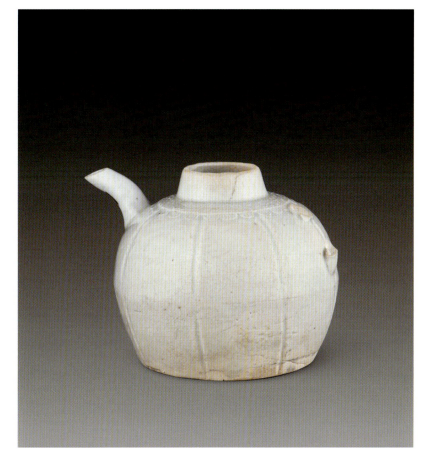

〜 **德化窑青白釉印花矮身鼓腹执壶**

南宋（1127 ~ 1279 年）

"南海 I 号"沉船出土

广东省文物考古研究院藏

口径 2.9、腹径 9.1、底径 7.6、高 7.4 厘米

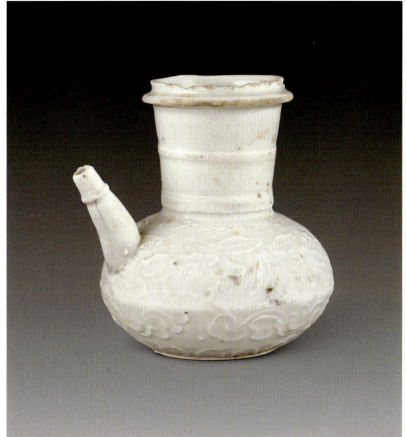

〜 **德化窑青白釉印花军持**

南宋（1127 ~ 1279 年）

"南海 I 号"沉船出土

广东省文物考古研究院藏

口径 6、腹径 10.6、底径 6.2、高 12.1 厘米

磁灶窑绿釉弦纹军持

南宋（1127～1279年）

"南海Ⅰ号"沉船出土

广东省文物考古研究院藏

口径 6、底径 6.6、高 12.9 厘米

磁灶窑绿釉褐彩长颈瓶

南宋（1127 ~ 1279 年）

"南海 I 号"沉船出土

广东省文物考古研究院藏

口径 5.3、腹径 14.5、底径 9.6、高 26.8 厘米

磁灶窑酱釉小罐

南宋（1127 ~ 1279 年）

"南海 I 号"沉船出土

广东省文物考古研究院藏

口径 2.8、腹径 6、底径 3.8、高 5.9 厘米

磁灶窑青釉褐彩小罐

南宋（1127 ~ 1279 年）

"南海 I 号"沉船出土

广东省文物考古研究院藏

口径 6.7、腹径 8、底径 4.6、高 5.1 厘米

磁灶窑酱釉小口罐

南宋（1127 ~ 1279 年）

"南海 I 号"沉船出土

广东省文物考古研究院藏

口径 4、腹径 13、底径 9.7、高 10.3 厘米

底有墨书"济阳"，可能为家族祖籍标记。

磁灶窑酱釉带盖小罐

南宋（1127 ～ 1279 年）

"南海 I 号"沉船出土

广东省文物考古研究院藏

（罐）口径 9.8、腹径 10、底径 6.8、高 9.5 厘米

（瓶）口径 3.2、腹径 3.6、底径 3.2、高 6.3 厘米

内装 4 件德化窑青白釉喇叭口小瓶。

磁灶窑酱釉小口梅瓶

南宋（1127 ~ 1279 年）

"南海 I 号" 沉船出土

广东省文物考古研究院藏

口径 2.8、底径 5.5、最宽 8.3、高 20.6 厘米

磁灶窑酱釉鱼鳞纹大罐舱内堆放情况

德化窑青白釉喇叭口瓶在磁灶窑酱釉鱼鳞纹大罐内的装盛情况

磁灶窑酱釉鱼鳞纹大罐

南宋（1127 ~ 1279 年）

"南海 I 号"沉船出土

广东省文物考古研究院藏

大罐口径 23.4、腹径 52、底径 19.5、

高 50 厘米

铁刀坯件

南宋（1127 ~ 1279 年）
"南海Ⅰ号"沉船出土
广东省文物考古研究院藏
长 20 ~ 23 厘米

"南海 I 号"出土的成捆铁刀坯件

"南海 I 号"出土的铁锅

三 扬帆广州

宋代广州拥有深厚的海外贸易基础。作为中国南部门户，广州"岁有海舶贸易，商贾辐辏"。宋朝政府对于广州的贸易事务也十分重视，于开宝四年（971年）率先在广州设立市舶司，元丰三年（1080年）又制订《广州市舶条法》，加强制度保障。"南海 I 号"沉船是宋代南海至印度洋海上贸易的重要见证者。船上出土的大部分酱釉罐确认是产自佛山南海诸窑的储物罐，罐内装有宋代公使酒库生产的公酒和私人酿酒作坊生产的私酒，实证"南海 I 号"到过广州，最后从广州离岸。

宋代前期，广州只有子城保护地方官员和衙署、仓库等重要建筑。皇祐四年（1052年），侬智高叛乱攻掠广州，居住在城外的"蕃汉数万家悉为贼席卷而去"。后为保护城外商人和百姓生命财产安全，适应海外贸易发展的需要，宋朝同意在子城两侧扩建东城和西城，形成了广州三城的城市格局。此后历任地方主官都十分重视对城墙的修缮和对城壕的疏浚，考古出土的大量修城砖就是见证。

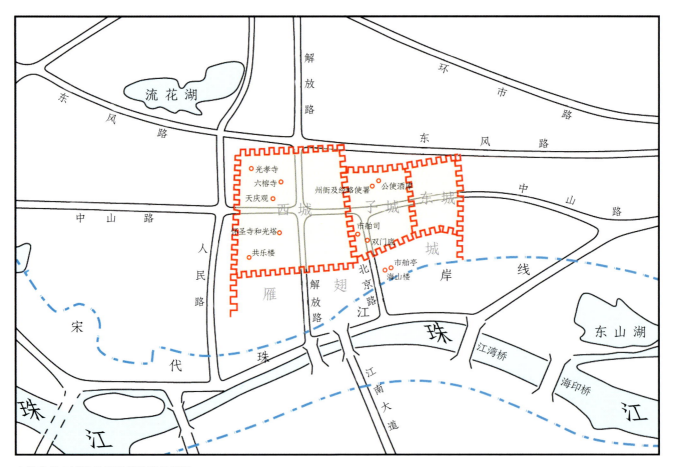

宋代广州三城及重要建筑位置示意图

"广州修城砖" 印文砖

宋（960 ～ 1279 年）

南越国宫署遗址出土

南越王博物院藏

长 38.5、宽 22.5、厚 8 厘米

"东城作"印文板瓦

宋（960 ~ 1279 年）

南越国宫署遗址出土

南越王博物院藏

残长 13.1、残宽 8.5、厚 1.5 厘米

"三城窑务烧造到瓦官立"印文板瓦

宋（960 ~ 1279 年）

南越国宫署遗址出土

南越王博物院藏

残长 16.9、残宽 11.6、厚 2.9 厘米

"广州窑务造"印文砖

宋（960 ~ 1279 年）
南越国宫署遗址出土
南越王博物院藏
长 40、宽 24、厚 7 厘米

　　南越国宫署遗址是宋代广州知州（兼广南东路经略安抚使）行政官署所在，广州公使酒库设在州衙东侧。公使酒库是宋代公使库下设的多个子库之一，其酿造的酒主要用于地方官府的公务接待。宋代对酒的酿造和买卖实行垄断专营政策，岭南地区因蕃汉杂居，"故弛其榷禁，以恩安边人"，允许私酿。南越国宫署遗址出土的大量宋代酱釉罐应为公使酒库日常储酒之用。

❶ 公使酒库水井内出土的酱釉罐

❷ 公使酒库中的灶

北

① 公使酒库水井

② 公使酒库中的五连灶

④ 南部过道及礓磋坡道

③ 东廊庑

0   3 米

宋代广州公使酒库建筑遗迹平面图

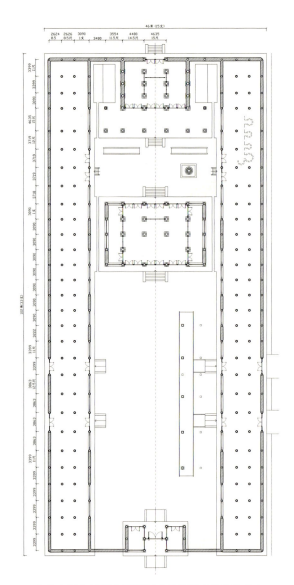

宋代广州公使酒库平面复原示意图（徐怡涛绘）

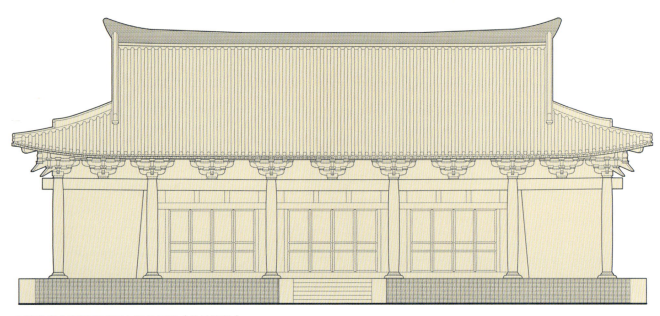

宋代广州公使酒库正厅立面复原图（徐怡涛绘）

（经略司）公使公用库，在州治西庑。公使酒库，在州治东庑。醋库，在清海军门外。

——（元）陈大震《大德南海志》卷第十"旧志诸司仓库"条

祖宗旧制，州郡公使库钱酒，专馈士大夫入京往来与之官、罢任旅费。

——（宋）王栐《燕翼诒谋录》卷三

公使钱库、公使酒库、甲仗库、书版库、公使醋库。俱在州衙内。

——（宋）吴自牧《梦粱录》卷十

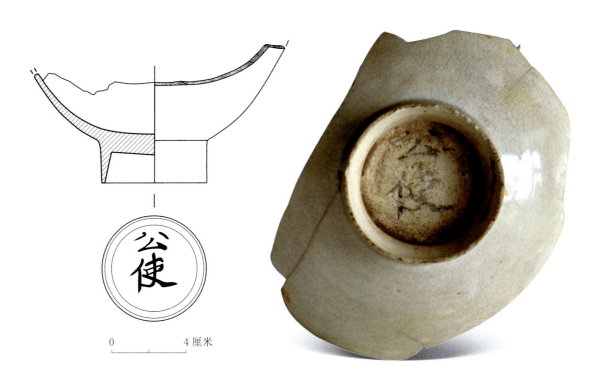

0　　　　4厘米

〰 湖田窑青白釉墨书"公使"碗底

北宋（960～1127年）

南越国宫署遗址出土

南越王博物院藏

残长13、底径5.8、残高7厘米

南海窑酱釉"德"字花卉绶带纹四耳罐

宋（960～1279年）

南越国宫署遗址出土

南越王博物院藏

口径13、腹径37、底径15.5、残高36厘米

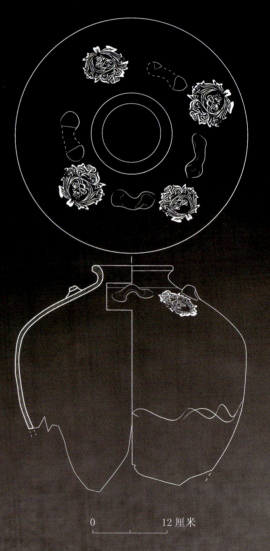

0　　　　12厘米

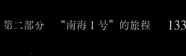

南海窑酱釉堆塑龙纹四耳罐

宋（960 ～ 1279 年）
南越国宫署遗址出土
南越王博物院藏
口径 11、腹径 22、底径 11.7、高 26.5 厘米

南宋佚名《花坞醉归图》（上海博物馆藏）

图绘醉归者骑驴，老仆挑担踏桥随行，担子的一头是一个梅瓶，其形制与宋代广州公使酒库所出土的酱釉瓶几乎一致。

酱釉瓶

宋（960 ～ 1279 年）
南越国宫署遗址出土
南越王博物院藏
腹径 17、高 38 厘米

南海窑酱褐釉大缸

宋（960～1279 年）

南越国宫署遗址出土

南越王博物院藏

口径 83.5、高 56 厘米

用于淘米酿酒的大缸。宋代朱肱《北山酒经》记载："造酒洗糯为先，须令拣择。"

🌊 **黑陶瓮**

宋（960～1279年）
南越国宫署遗址出土
南越王博物院藏
复原口径42、腹最大径68.4、底径39.4、高57厘米

据北宋苏轼《东坡酒经》记载，宋代岭南有以大瓮酿酒发酵的传统。该黑陶瓮应是宋代广州公使酒库的酿酒发酵器具。

"南海 I 号" 纲首日记

癸卯年十二月初一，天气：晴，地点：广州

广州提举市舶官在海山楼设宴款待舶商，我和几位大货主、知客、火长、舵师受邀参加。据说市舶宴会，唯广州最盛，参加过后才知此言不虚。海山楼前旌旗密布，迎风飘扬，宴会上花阵酒地，香山药海。客人们陆续进入，大鼓、铎铙等乐声也随之响起。官员、商客依次就座，主宾其乐融融，每次集体饮完一盏酒，就会换一次菜肴，宴席前表演的杂耍、相扑、魔术等节目也立即更换，连续更换了九轮。

装盛在各种精美器皿中的烧肥羊、肉咸豉、奈花索粉、群仙炙、太平毕罗等菜肴甘美可口，波斯枣、槟榔供客则是广州的特色。大家痛饮玫瑰露、百花春，觥筹交错间，只见提举大人起身举杯，为我们即将到来的海上旅程祝福，他劝我们喝了一杯，再饮一杯，今晚不醉不休，明日的航程必定一帆风顺，来年满载而归。礼毕，众宾客纷纷称颂，进献贺词。在歌颂王朝、威孚四海的歌舞声乐中，我也有了七八分醉意，畅想着即将到来的美好旅程……

* 本部分取材自洪适《盘州集》卷六十五《设蕃乐语》和蔡鸿生《市舶宴：宋代广州为外商饯行的酒会》。

宋代来往广州的海舶，受自然条件所制约，必须靠季候风航行。其航程是冬天从广州起舶，夏天返航。当这些船出发之前，广州市舶司和其他地方长官为表示顺风相送，会设宴饯行，这就是市舶宴。市舶宴会上饮用的酒主要来自公使酒库酿造的公使酒。

广州市舶宴费用由官府支出，据史籍记载，一次市舶宴会费用 300 贯钱，相当于 10 两黄金。设宴地点早期在州衙内设厅，后改在"海山楼"，其位于广州城南市舶亭之侧，面临珠江，即《萍洲可谈》所记："广州市舶亭，枕水有海山楼。正对五洲，其下谓之小海。中流方丈余，舶船取其水，贮以过海则不坏。"

【番禺调笑·海山楼】

南宋·洪适

高楼百尺迤岩城，披拂雄风襟袂清。
云气笼山朝雨急，海涛侵岸暮潮生。
楼前箫鼓声相和，戢戢归樯排几柂。
须信官廉蚌蛤回，望中山积皆奇货。

宋代《酒名记》记载河北、河东、陕西、京东等地官营酒务常以"莲花""芙蓉""荷花"等来命名当地酿造的美酒。"陈宅莲花"应为陈姓官员酿造的莲花酒。

南海窑酱釉"陈宅莲花"印文四耳罐

宋（960～1279年）

南越国宫署遗址出土

南越王博物院藏

口径 14.2、腹径 36.5、底径 17.9、高 41.5 厘米

南海窑酱釉"余宅号"印文罐残件

宋（960 ~ 1279 年）
南越国宫署遗址出土
南越王博物院藏
残宽 28、残高 16 厘米

宋代规定官员居室称宅，普通百姓的称家。戳有"某宅号""某宅酒"等印文是广州地方官吏用私钱在公使酒库酿造的寄造酒的标记。除自饮外，还在市肆售卖。据《宋会要辑稿》记载："诸路州军官员多以私钱于公使库并场务寄造酒，显属违法。"但因有利可图，却禁而不止。

〰 南海窑酱釉"百花春"印文罐残件

宋（960～1279年）
南越国宫署遗址出土
南越王博物院藏
残宽22、残高7厘米

　　据《诗经》"十月获稻，为此春酒以介眉寿"的记载，"百花春"是在秋收时节开始酝酿，至来年春天酿成以祈长寿的春酒。

　　据宋周密《武林旧事》"赐状元第三人酒食五盏"记载，"状元春"酒寓意饮者高中状元。

〰 南海窑酱釉"状元春"印文罐残片

宋元（960～1368年）
香港九龙圣山遗址出土
香港古物古迹办事处藏
残长7.4～13、残宽7.9～8.8、厚0.8厘米

南海窑酱釉"玉液春"印文四耳罐

南宋（1127～1279年）

"南海Ⅰ号"沉船出土

广东省文物考古研究院藏

口径 13.8、腹径 33.9、底径 15.4、高 38.9 厘米

　　"玉液春"也是春酒之一，唐代诗人白居易曾以"玉液黄金脂"比喻美酒甘美醇厚。宋代东京（今开封）、西京（今洛阳）、河东（今山西西南部一带）等地也有以"玉液"来命名的美酒。

南海窑酱釉"真珠红"印文罐残片

宋（960～1279年）

南越国宫署遗址出土

南越王博物院藏

残长9厘米

南海窑"小槽红"印文罐残片

宋元（960～1368年）

香港九龙圣山遗址出土

香港古物古迹办事处藏

残长6.6、残宽6.8、厚0.7厘米

唐代诗人李贺《将进酒》诗中有"小槽酒滴真珠红"之句。"小槽红""真珠红"是一种用红曲酿造的酒，因色泽赤红而受到人们钟爱。

南海窑酱釉"清香"印文罐残片

宋（960～1279年）
南越国宫署遗址出土
南越王博物院藏
残长16厘米

据宋人李昉《太平广记》"清香
之酒，非地上所有，香气殊绝"记载
可知，"清香"应是不同酒品的标记。

南海窑酱釉"清香"印文罐残片

宋元（960～1368年）
香港九龙圣山遗址出土
香港古物古迹办事处藏
残长14.3、残宽8.1、厚1厘米

南海窑酱釉"美酒"印文罐残片

宋元（960～1368年）
香港九龙圣山遗址出土
香港古物古迹办事处藏
残长 7、残宽 6.7、厚 0.8 厘米

南海窑酱釉"香醪"印文罐残片

宋元（960～1368年）
香港九龙圣山遗址出土
香港古物古迹办事处藏
残长 9.3、残宽 8.9、厚 0.8 厘米

　　汉许慎《说文解字》："醪，汁滓酒也。""香醪"意指美酒。

南海窑酱釉"清河"印文罐残片

宋元（960～1368年）
香港九龙圣山遗址出土
香港古物古迹办事处藏
残长 9.7、残宽 6、厚 0.8 厘米

《萍洲可谈》记载宋代"海舶大者数百人，小者百余人，以巨商为纲首、副纲首、杂事，市舶司给朱记，许用笞治其徒，有死亡者籍其财"，可见船舶之上已经形成了独有的组织架构。纲首多为船主，是船上最高负责人，其下还有副纲首、杂事、火长等，以中小商人为主，也有其他类别乘客。受邀参加市舶宴的通常只是诸舶的船主纲首和舵师等代表人物。

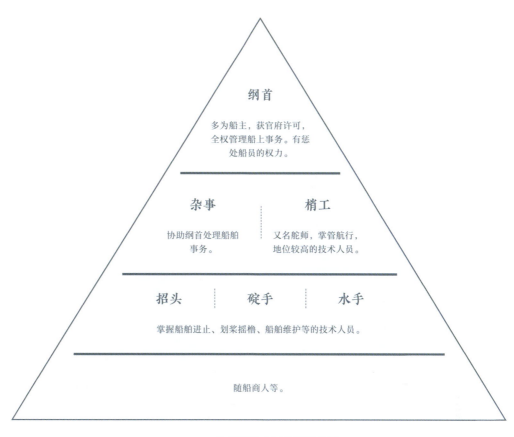

纲首

多为船主，获官府许可，全权管理船上事务。有惩处船员的权力。

杂事

协助纲首处理船舶事务。

梢工

又名舵师，掌管航行，地位较高的技术人员。

招头　**碇手**　**水手**

掌握船舶进止、划桨摇橹、船舶维护等的技术人员。

随船商人等。

宋代海船人员组织示意图

广东韶关南华寺木雕罗汉像上的"广州纲首"铭文

佛像正面刻"广州纲首陈德安舍尊者奉为先妣梁十五娘生界"铭文。纲首通常为巨商富贾，且与官府来往密切，南宋岳珂记述"番禺（广州）海獠""最豪者"蒲氏家族是侨居占城（今越南中部）的阿拉伯商人，寓居广州后因经营海上贸易富甲一方。广州纲首陈德安之名史籍未载，发现于广东韶关南华寺宋代木雕罗汉上，推测雕刻于宋仁宗庆历年间（1041~1048 年）。其捐资舍造罗汉像，特意将"广州纲首"的身份标榜在前，可见纲首社会地位的显赫。

"知客"原指寺院里或使团中专司迎宾的人。船上知客可能是协助纲首处理日常事务的人。

磁灶窑酱釉墨书"郑知客"小口罐

南宋（1127 ~ 1279 年）

"南海 I 号"沉船出土

广东省文物考古研究院藏

口径 4.3、腹径 12.7、底径 9、高 8 厘米

酱釉墨书"艍前公用""纲"字执壶

南宋（1127 ～ 1279 年）

"南海Ⅰ号"沉船出土

广东省文物考古研究院藏

口径 9.9、腹径 18.5、底径 10.5、高 18.7 厘米

"纲"是纲首简称。此壶可能为
纲首提供、放在船舱公用的生活器物。

〰 **青釉墨书"柯头甲"碗底**

南宋（1127～1279 年）
"南海Ⅰ号"沉船出土
广东省文物考古研究院藏
底径 5.4 厘米

北宋王安石改革后，保甲制度应
用广泛。此墨书瓷器主人可能为船上
头甲成员，也可能是甲长。这是宋代
海船保甲制度的重要物证。

有墨书"林上"的瓷器出自同一
个船舱，可以推断此舱货主姓林。"上"
或是标识货物舱内方位。

〰 **白釉墨书"林上"盘底**

南宋（1127～1279 年）
"南海Ⅰ号"沉船出土
广东省文物考古研究院藏
底径 10.3 厘米

青白釉墨书"庄德直"粉盒

南宋（1127 ～ 1279 年）

"南海 I 号"沉船出土

广东省文物考古研究院藏

底径 11.9 厘米

　　"直"是置办之意，即此器为庄德购买所有。

酱釉墨书"蔡火长直"罐底

南宋（1127 ～ 1279 年）

"南海 I 号"沉船出土

广东省文物考古研究院藏

底径 14.8 厘米

　　"火长"主管海上航行，地位较高，相当于水手长。

🌊 酱釉墨书"陈▨工直"小口罐残片

南宋（1127 ～ 1279 年）

"南海I号"沉船出土

广东省文物考古研究院藏

残长 5.4 厘米

《宋会要辑稿》载"依条（例）八分装货，留二分揽私物。"除大、小客商外，普通船员也携带私货，参与贸易。

🌊 酱釉墨书"+30 花押"罐底

南宋（1127 ～ 1279 年）

"南海I号"沉船出土

广东省文物考古研究院藏

底径 14.2 厘米

宋代流行以花押做标记，阿拉伯数字可能是外商所留。

🌊 酱釉墨书阿拉伯文罐底

南宋（1127 ～ 1279 年）

"南海I号"沉船出土

广东省文物考古研究院藏

底径 16.8 厘米

　　"南海 I 号"上发现有大量动物骨骸，包括鸡、鹅、猪、牛、羊、龟、蛙、鸟、海洋生物等。宋代周去非《岭外代答》记载远航南海会在船上养猪酿酒。"南海 I 号"船员应当携带了大批活体动物，航行时也会通过捕捞海鲜以扩充食物来源。船上出土的植物种类都属于热带或亚热带植物，其中又以岭南及福建地区特产种类最为突出。

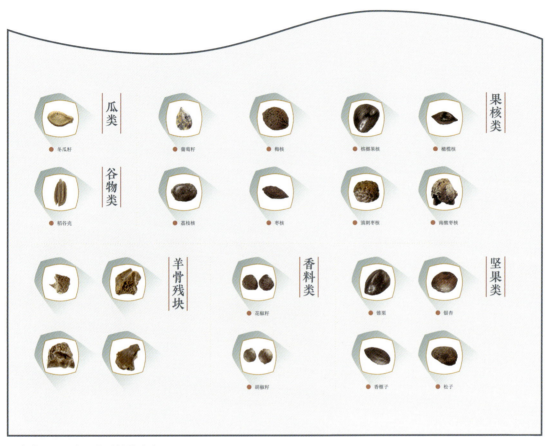

瓜类
● 冬瓜籽

谷物类
● 稻谷壳

羊骨残块

● 葡萄籽

● 荔枝核

● 梅核

● 枣核

● 花椒籽

● 胡椒籽

香料类

● 锥栗

● 香榧子

● 槟榔果核

● 滇刺枣核

果核类
● 橄榄核

● 南酸枣核

坚果类
● 银杏

● 松子

"南海 I 号"出土的动植物遗存

"南海 I 号"出土的腌渍果品

"南海 I 号"出土的竹笼与鹅骸骨

"南海 I 号"出土的咸鸭蛋

玉石像

南宋（1127 ～ 1279 年）

"南海 I 号"沉船出土

广东省文物考古研究院藏

高 3.5、4.2 厘米

水晶坠饰

南宋（1127 ～ 1279 年）

"南海 I 号"沉船出土

广东省文物考古研究院藏

长 1.8、宽 3 厘米

骨环

南宋（1127 ～ 1279 年）

"南海 I 号"沉船出土

广东省文物考古研究院藏

直径 2.1 厘米

两宋时期海贸发达，近自南海诸国，远至印度洋、东非国家，都吸纳了大量中国铜钱。这些铜钱在许多国家和地区都充当了国际通用货币角色。由于大量铜钱流入南海国际贸易，在宋朝引发了"钱荒"。"南海Ⅰ号"出土了数量庞大的钱币，绝大部分为两宋各年号铜钱，其中年代最晚的为"淳熙元宝"铜钱。

"南海Ⅰ号"铜钱出土现场

大观通宝

皇宋通宝

皇宋通宝

淳化元宝

嘉祐通宝

景德元宝

景德元宝

景祐元宝

明道元宝

绍圣元宝

宋元通宝

太平通宝

铜钱

宋（960 ～ 1279 年）

"南海 I 号"沉船出土

广东省文物考古研究院藏

直径 2.4 ～ 3.1 厘米

天圣元宝

天禧通宝

熙宁元宝

〽 **单顶链犀角形锥筒饰金项链**

南宋（1127 ~ 1279 年）

"南海Ⅰ号"沉船出土

广东省文物考古研究院藏

总长 51.9 厘米

由金链、两件左右对称的犀角形
锥筒饰、五连扣环链、三条流苏及其
下两个石榴、一个桃心坠饰组成。

素面金戒指

南宋（1127～1279年）

"南海Ⅰ号"沉船出土

广东省文物考古研究院藏

戒身宽 0.66、高 0.33 厘米，内径 1.45、

外径 2.15 厘米

嵌宝石金戒指

南宋（1127～1279年）

"南海Ⅰ号"沉船出土

广东省文物考古研究院藏

通高 3.16、戒面高 1.24 厘米

细丝圆圈形金耳环

南宋（1127～1279年）

"南海Ⅰ号"沉船出土

广东省文物考古研究院藏

最宽处直径 2.5 厘米

三角棱金镯

南宋（1127 ～ 1279 年）

"南海 I 号"沉船出土

广东省文物考古研究院藏

最宽处直径 5、周长 16.5 厘米

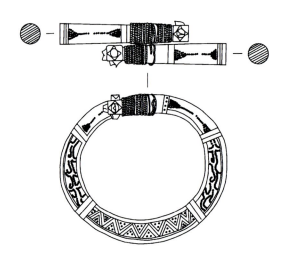

镶宝石空心金镯线描图

镶宝石空心金镯

南宋（1127 ~ 1279 年）

"南海Ⅰ号"沉船出土

广东省文物考古研究院藏

周长 30.7 厘米

　　由镯体及镯口焊接的两个相对的镶宝石十四面体金
珠组成，宝石脱落不存。镯体推测为筑模浇铸一次成型，
沙特利雅得出土有类似的器形。

〰 **方身金镯**

南宋（1127 ~ 1279 年）

"南海I号"沉船出土

广东省文物考古研究院藏

最宽处 4.9、周长 15.8 厘米

〰 **金串饰**

南宋（1127 ~ 1279 年）

"南海I号"沉船出土

广东省文物考古研究院藏

长 1 ~ 1.3、直径 0.6 ~ 0.72 厘米

据史籍记载，与宋朝通商贸易的国家有五十多个。通过比较"南海 I 号"船货和海外港口遗址考古发现器物，学术界对"南海 I 号"的目的地有多个推测。

目的地一：苏门答腊岛、爪哇岛

《宋史》《岭外代答》《诸蕃志》等记载了从占城、三佛齐、阇婆、勃泥、麻逸等乘船航行到周边国家地区的时长，反映时人利用季风，航行于东南亚诸国的情况。今苏门答腊岛西北，宋称蓝里，从广州航行四十日到达后，商船会停驻过冬，第二年再起航。今苏门答腊岛东南，宋称三佛齐，是西亚、南亚、东南亚国家来往广州的中转站和区域贸易集散地。

目的地二：印度

今印度西南岸奎隆古称故临。2014 年奎隆港遗址出土大量来自中国的瓷器残片及铜钱，其瓷器产地、年代和铜钱纪年，与"南海 I 号"船货组合十分相似。"南海 I 号"上还发现有眼镜蛇遗骨，推测属于船上的印度商人。

目的地三：阿拉伯半岛、波斯湾地区

"南海 I 号"出土的金器以阿拉伯风格为主，诸多金器工艺技法及纹饰风格，源自西亚。如窟嵌手法是阿拉伯地区传统金器装饰手法。"南海 I 号"出土了天平、砝码，相似形制的青铜砝码在沙特阿拉伯塞林古港也有发现，可见两地都使用类似的天平作为贵金属交易的衡具。

从广州出发

SAILING FROM GUANGZHOU

"南海I号"
与
海上丝绸之路

NANHAI I SHIPWRECK
AND
THE MARITIME SILK ROAD

第三部分

广州出发
的
密码

THE CODE FOR SAILING FROM GUANGZHOU

　　海上丝绸之路是古代人们借助季风与洋流等自然条件，利用风帆等航海技术开展贸易的海上大通道，也是东西方文明交流与融合的对话之路。它萌芽于秦汉，发展于魏晋，繁荣于唐宋，转型于明清时期。广州地处中国大陆南端，濒临南海，位于西江、北江、东江交汇入海处，是中国通往世界的"南大门"，是海上丝绸之路上的重要节点，在南海航路上具有举足轻重的地位。

一 海丝往事

秦汉时期,广州是南海北岸最大的贸易港口。晋南朝时期,广州是佛教传播的中心之一。唐代,从广州出发的航线已远达波斯湾及非洲东海岸。晚唐至宋代,陶瓷器成为海路最主要的商品之一。随着海上贸易的发展,形成以广州港为中心,香港、澳门等地为中转的多层次贸易港口体系。港口城市、外港、航路节点、补给点、巡检点等遗址及其出土遗物,是这一体系的重要实物见证,诉说着千年海丝故事。

南海神庙内景

陆上丝绸之路衰退后,以广州为中心的海上贸易快速发展。自隋文帝开皇十四年(594年)始建南海神庙祭祀海神以后,历代朝廷对"海事"越发重视,对南海神的祭祀规格越来越高。

广州德政中路唐代码头遗址

广州德政中路唐代码头遗址出土大量长沙窑等生产的瓷器残片，证明当时的广州是重要的贸易集散地之一。

怀圣寺及光塔

怀圣寺位于广州市光塔路，相传始建于唐代，是中国最早的清真寺之一。寺内建有光塔，是伊斯兰风格的宣礼塔，也是当时珠江北岸的重要航标。

怀圣寺一带即为唐宋以来的蕃坊，是当时外国商人的聚居地。文献记载坊内有码头区，有蕃巷，并设有蕃长管理相关事务。当时，外商在此建筑宗教场所，城北还留有先贤古墓等遗迹。广州城市考古中发现有外国人形象的文物，也出土有随海船远渡而来的外国器物。

《重修天庆观记》碑原立于天庆观内，现存广州博物馆。北宋元丰二年（1079年）刻。碑文记述宋时三佛齐国（今印度尼西亚苏门答腊岛一带）来广州贸易商人捐资重修天庆观的事实。石刻是北宋时期中国和三佛齐乃至东南亚的贸易往来、人文交流的实物见证。

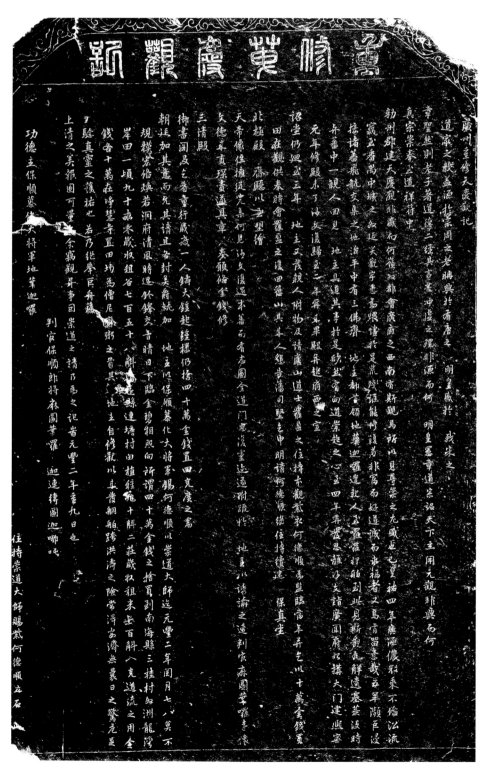

《重修天庆观记》碑碑文拓片

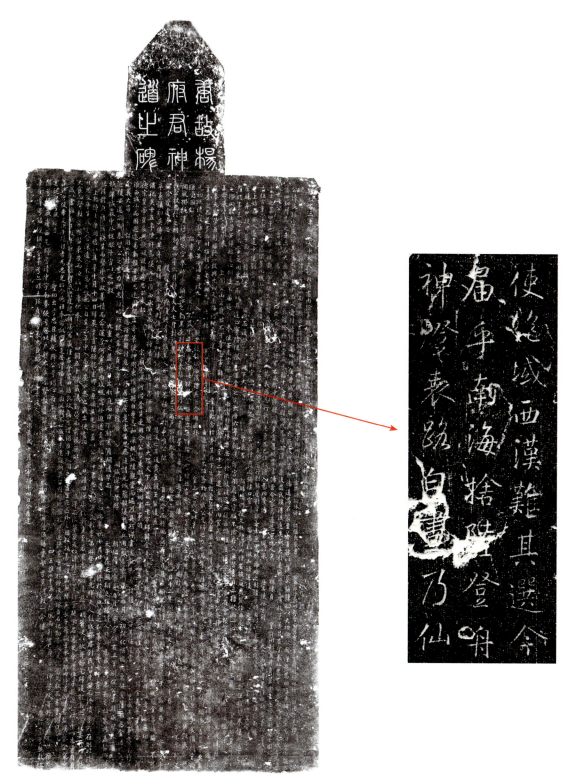

《唐故杨府君神道之碑》碑文拓片

　　《唐故杨府君神道之碑》于 1984 年陕西省泾阳县出土。碑文主要内容为宦官杨良瑶的家族渊源与生平事迹。唐贞元元年（785 年），杨良瑶奉命出使黑衣大食（中国史籍所称阿拉伯帝国的阿拔斯王朝），自南海（广州之古称）"舍陆登舟"，通过海路到达缚达城（今伊拉克首都巴格达）。

波斯蓝釉陶片

南汉（917～971年）
南越国宫署遗址出土
南越王博物院藏
通长 8.5～13.5 厘米

南汉波斯蓝釉陶瓶
（广州市文物考古研究院藏）

广州在历年城市考古中出土有大量波斯蓝釉陶残片，多属瓶、罐类器。作为唐宋时期东方大港，广州聚居着大量阿拉伯和波斯商人、船员，这些器物主要用来罐装葡萄酒，部分流入南汉宫廷。

香港地近广州，自古以来是海上丝绸之路的中转站，是商船停泊和补给的天然良港。

屯门在古代曾是海上丝绸之路的重要节点，也是最早记载在中国官方史籍的香港地名。《新唐书·地理志》记载"广州东南海行，二百里至屯门山"，反映唐代的屯门已经是广州的外港，商船进出广州的必经之地。唐至南汉时均在屯门设军寨，向往来番舶货物征收关税，其附近地区还有规模庞大的官营盐场。宋代在此设巡检司和税关，拱卫广州商贸安全。

香港新界大庙湾地堂咀宋代刻石，刻于南宋咸淳十年（1274年），是香港最早有纪年的刻石，记载了当时官富场盐官严益彰到此游览的事情。

香港九龙圣山遗址的宋元时期水井(香港铁路有限公司供图)

香港圣山遗址位于九龙湾西端旧启德机场西南端,圣山之东北、西南两侧。这里考古发现了大量宋元时期遗迹与遗物,其中房屋聚落遗址百余处,陶瓷碎片超百万片。这些陶瓷器分别来自广东、福建、浙江、江西的窑场,说明自宋代以来香港作为中转站,沿海已有频繁的商贸活动。

香港竹篙湾遗址

香港竹篙湾遗址位于大屿山东北部,出土了数千件属于明代中叶景德镇生产的青花瓷碎片,以及几十件酱釉罐残片。明初海禁,对蓬勃的海上贸易带来沉重打击,竹篙湾可能是明代海上丝路的一个走私地点。江西景德镇的瓷器经水路运到广州后,商人利用小艇将货物偷运至竹篙湾,货物装载到远洋船只后,破损的瓷器便被丢弃或埋入深沟中。

南海窑酱釉四耳罐

宋元（960 ~ 1368 年）

香港九龙圣山遗址出土

香港古物古迹办事处藏

口径 12、腹径 30.5、底径 14.5、高 40 厘米

磁灶窑酱釉堆塑龙纹六耳罐

宋元（960～1368年）

香港九龙圣山遗址出土

香港古物古迹办事处藏

口径 28.8、肩径 43.2、底残径 37、残高 41.8 厘米

<svg>~</svg> **南海窑酱釉擂钵**

宋元（960 ~ 1368 年）

香港九龙圣山遗址出土

香港古物古迹办事处藏

口径 33.5、底径 18.5、高 18.8 厘米

青釉划花篦纹碗

宋元（960～1368年）

香港九龙圣山遗址出土

香港古物古迹办事处藏

口径 12.2～12.4、底径 3.9～4、高 5.3～5.7 厘米

遇林亭窑黑釉"寿山福海"描金盏

宋元（960～1368 年）

香港西贡蚝涌出土

香港古物古迹办事处藏

复原口径 12.7、底径 4.3、高 6.5 厘米

青白釉墨书"吴家"碗底

宋元（960～1368年）
香港九龙圣山遗址出土
香港古物古迹办事处藏
残长9.3、残宽6.6厘米

青花菊花纹碟

明（1368～1644年）

香港大屿山竹篙湾遗址出土

香港古物古迹办事处藏

口径18.7、底径12.5、高4.2厘米

大洲湾遗址位于广东台山上川岛方济各·沙勿略墓园教堂以南。上川岛至少在宋代开始就已经是海上丝绸之路上的一个重要节点。大洲湾遗址出土丰富的明代外销瓷，是中葡早期瓷器贸易的重要遗存，是大航海时代开启的第一轮全球化浪潮中东西方文明交流互鉴的实物见证。

方济各·沙勿略墓园及大洲湾遗址

大洲湾遗址现场

　　圣保禄学院由耶稣会士于1594年创办，是中国第一所西式高等学院。学院于1835年毁于火灾，但其教堂前壁（即大三巴牌坊）、学院建筑遗迹等仍保留至今，出土大量陶瓷器和建筑构件残片等遗物，是澳门作为海上丝绸之路上中西方文化交流前沿地的历史见证。

圣保禄学院遗址展示现场

圣保禄学院遗址发掘现场

黄绿釉陶盘残片

明（1368 ~ 1644 年）
澳门圣保禄学院遗址出土
澳门博物馆藏
复原口径 24、底径 15.8、高 3.8 厘米

黄绿釉陶罐残片

明（1368 ~ 1644 年）
澳门圣保禄学院遗址出土
澳门博物馆藏
残长 11.3、残宽 11 厘米

黄绿釉陶器盖

明（1368～1644年）
澳门圣保禄学院遗址出土
澳门博物馆藏
口径 8.6、沿径 12.7、高 9 厘米

**景德镇窑青花开光花卉
鹿梅图碗**

明（1368～1644年）
澳门圣保禄学院遗址出土
澳门文化局文化遗产厅藏
口径 11.5、底径 4.9、高 6.3 厘米

景德镇窑青花"大明成化年造""大明天启年制"双款碗底

明（1368 ~ 1644 年）

澳门圣保禄学院遗址出土

澳门文化局文化遗产厅藏

底径 4.7、残高 2.2 厘米

景德镇窑青花开光花鸟纹盘

明（1368 ~ 1644 年）

澳门圣保禄学院遗址出土

澳门文化局文化遗产厅藏

口径 14.8、底径 8.2、高 2.7 厘米

景德镇窑青花凤纹"日"字盘

明（1368～1644 年）

澳门圣保禄学院遗址出土

澳门文化局文化遗产厅藏

口径 15.8、底径 9.2、高 2.8 厘米

景德镇窑青花开光花卉松鹿图盘

明（1368～1644 年）

澳门圣保禄学院遗址出土

澳门文化局文化遗产厅藏

口径 21、底径 11.2、高 3.2 厘米

景德镇窑青花婴戏纹碟

明（1368 ~ 1644 年）
澳门圣保禄学院遗址出土
澳门文化局文化遗产厅藏
口径 8.4、底径 3.8、高 2.7 厘米

景德镇窑青花象首军持

明（1368 ~ 1644 年）
澳门圣保禄学院遗址出土
澳门文化局文化遗产厅藏
残长 19.2、残宽 11.2、残高 11.8 厘米

长沙窑青釉褐斑褐绿彩云气纹碗

唐（618 ~ 907 年）

"黑石号"沉船出水

长沙铜官窑博物馆藏

口径 15.4、底径 5.7、高 5.2 厘米

长沙窑青釉褐斑褐绿彩云气纹碗

唐（618 ~ 907 年）

广州解放中路出土

广州市文物考古研究院藏

口径 15.6、底径 6.3、高 5.3 厘米

〰 **长沙窑青釉褐斑模印贴花椰枣纹壶**

唐（618～907年）

"黑石号"沉船出水

长沙铜官窑博物馆藏

口径 7.6、腹径 16.9、底径 15.9、高 22.2 厘米

新会官冲窑址

新会官冲窑址出土青釉罐、青釉碗、陶提梁壶等与"黑石号"沉船出水同类器物相似，可能为其产地。

新会官冲窑产品

官冲窑青釉四耳罐

唐（618 ~ 907 年）

新会官冲窑址出土

广东省文物考古研究院藏

口径 13.3、腹径 18、底径 13.5、高 18.8 厘米

官冲窑青釉碗

唐（618 ~ 907 年）

新会官冲窑出土

广东省文物考古研究院藏

口径 16.7、底径 5.5、高 5.8 厘米

〰 **官冲窑陶提梁壶**

唐（618 ~ 907 年）

"黑石号"沉船出水

长沙铜官窑博物馆藏

腹径 17.2、底径 14.6、高 21 厘米

〰 **官冲窑陶提梁壶**

唐（618 ~ 907 年）

南越国宫署遗址出土

南越王博物院藏

腹径 19、高 22.5 厘米

封开长岗镇灶冲村唐代窑址断面

　　"黑石号"沉船出水有少量的黑陶罐，应为船上人员使用的生活器。这种黑陶罐常见于广东地区的唐五代遗址和墓葬，其产地在西江沿岸的郁南、德庆、封开一带。

黑陶六耳罐

唐（618 ~ 907 年）
德庆新圩镇半塘窑址采集
南越王博物院藏
口径 13.6、腹径 19、底径 15.2、
高 16.5 厘米

黑陶六耳罐

唐（618 ~ 907 年）

"黑石号"沉船出水

长沙铜官窑博物馆藏

口径 12.8、腹径 20.8、底径 14.2、高 19.7 厘米

黑陶六耳罐

唐（618 ~ 907 年）

南越国宫署遗址出土

南越王博物院藏

口径 11.8、腹径 15.2、底径 11.8、
高 11.8 厘米

高明大岗山窑青釉碗

唐（618 ～ 907 年）

"黑石号"沉船出水

长沙铜官窑博物馆藏

口径 19.5、高 5 厘米

高明大岗山窑青釉墨书"官"字碗

唐（618～907年）
南越国宫署遗址出土
南越王博物院藏
口径 15.7、高 4 厘米

青釉六耳罐

唐（618～907 年）

"黑石号"沉船出水

长沙铜官窑博物馆藏

口径 22、腹径 46、底径 25、高 68 厘米

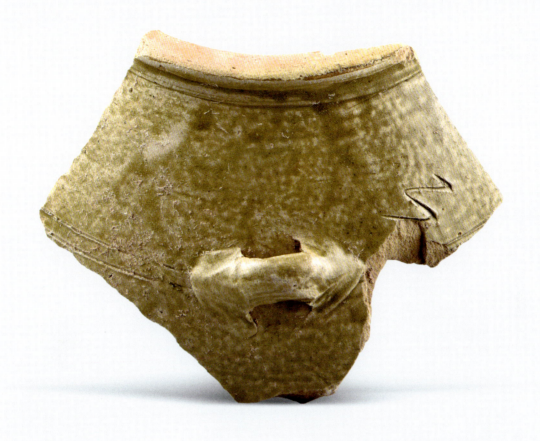

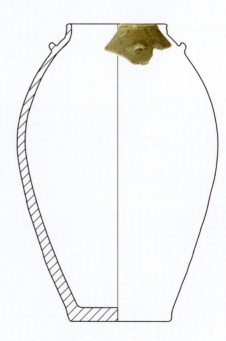

〽 **青釉罐口沿残片**

唐（618～907 年）

南越国宫署遗址出土

南越王博物院藏

残宽 18.5、残高 5.5 厘米

青釉罐口沿残片及其复原示意图

青釉四耳带流罐

唐（618 ~ 907 年）

"黑石号"沉船出水

长沙铜官窑博物馆藏

口径 13.2、腹径 22、高 25 厘米

青釉四耳带流罐

唐（618 ~ 907 年）

南越国宫署遗址出土

南越王博物院藏

口径 12.6、腹径 22.5、高 24 厘米

青釉四耳罐

唐（618～907 年）

"黑石号"沉船出水

长沙铜官窑博物馆藏

口径 13.2、腹径 21、底径 14.5、高 23.5 厘米

青釉四耳罐

唐（618～907 年）

南越国宫署遗址出土

南越王博物院藏

口径 15、腹径 21.6、底径 15.2、高 24.5 厘米

青釉四耳盆

唐（618 ～ 907 年）

"黑石号"沉船出水

长沙铜官窑博物馆藏

口径 35.7、底径 25、高 14.5 厘米

青釉四耳盆

唐（618 ～ 907 年）

南越国宫署遗址出土

南越王博物院藏

口径 35.3、底径 25.5、高 16.2 厘米

"乾亨重宝"铅钱

南汉（917 ~ 971 年）
南越国宫署遗址出土
南越王博物院藏
直径 2.5 ~ 2.7 厘米

铅铤

南汉（917 ~ 971 年）
许建林先生捐赠
南越王博物院藏
长 24.5、宽 10.0、厚 4.1 厘米

青釉夹梁罐

南汉（917 ~ 971 年）

广州北京路千年古道出土

广州市文物考古研究院藏

口径 6.5、底径 7.8、高 18.5 厘米

定窑白釉碟

南汉（917～971年）
南越国宫署遗址出土
南越王博物院藏
口径 15.8、底径 8.2、高 3.3 厘米

"掌要局"不见文献记载，为南汉国特置，相当于唐朝政事堂下属的"枢机房"，是专门负责机要事务的机构。从此器出土于南汉宫城核心区来看，掌要局应设在禁中之内。

定窑白釉"掌要局"款碗底

南汉（917～971年）
南越国宫署遗址出土
南越王博物院藏
残长14.4、残宽12.7、残高6.5厘米

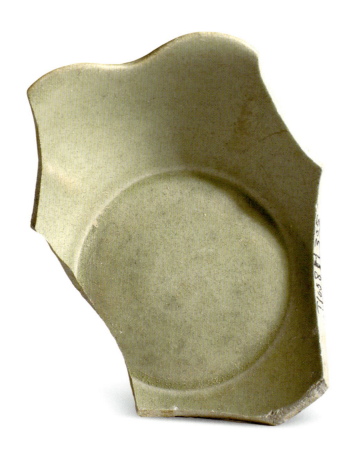

《新五代史》《宋史》等记载南汉后主刘鋹佞幸女巫樊胡子，此秘色瓷碗或为后主赐给她的宝物之一，"女"字是其专用之器的标记。

🖋 秘色瓷"女"字款碗

南汉（917～971 年）

南越国宫署遗址出土

南越王博物院藏

残长 12.1、残宽 8.7、残高 3.5 厘米

酱釉六耳瓮残件

南汉（917 ~ 971 年）
南越国宫署遗址出土
南越王博物院藏
口径 30、残宽 55、残高 24.5 厘米

　　"林加"沉船（Lingga Wreck）因发现于印度尼西亚林加海峡而得名。此船建造于东南亚地区，在相当于我国北宋时期沉没。沉船出水大量宋代广州西村窑、南海诸窑以及福建磁灶窑等窑口生产的瓷器，包括奇石窑生产的"广东罐"及酱黄釉印花盆等，还出水有大量的铁器，如铸铁锅、铁刀等。

　　"鳄鱼岛"沉船（Pulau Buaya Wreck）位于印度尼西亚林加群岛的鳄鱼岛海域，与"林加"沉船邻近。沉船出水的船货以陶瓷器为大宗，器形有碗、盆、瓶、壶、罐、军持等，主要是宋代广东、福建窑口的产品，与"林加"沉船出水器相似。

　　"飞鱼号"沉船（Flying Fish Wreck）位于马来西亚沙巴海域，年代可追溯至 12 世纪早期。其船货主要是铁器与福建窑口瓷器，但也有来自广东的陶瓷产品。

"林加"沉船出水的广东南海诸窑瓷器（Michael Flecker 供图）

西村窑"至和元年"款褐彩铭文盆（广州海事博物馆藏）

"鳄鱼岛"沉船出水的广东南海诸窑瓷器（Michael Flecker 供图）

"飞鱼号"沉船出水瓷器，包括广东南海诸窑产品（Michael Flecker 供图）

　　西村窑位于今广东省广州市西北，以皇帝岗古窑址为中心，盛烧于北宋，衰败于南宋。西村窑的产品有青白釉、青白釉彩绘、青釉及黑釉等，青白釉刻花加褐彩则是西村窑的特有品种。在菲律宾、印度尼西亚等国多见出土，实证西村窑产品从广州出发，销往东南亚等地区。

印度尼西亚海域出水的西村窑瓷器

广州西村窑各类器物

西村窑青釉划花牡丹纹盆

宋（960～1279 年）
南越国宫署遗址出土
南越王博物院藏
口径 25、底径 9、高 6.2 厘米

西村窑青釉褐彩绘牡丹纹盆底

宋（960～1279 年）
广州西村窑址出土
广州市文物考古研究院藏
底径 10、残高 6.2 厘米

南海窑酱釉印花水波纹四耳罐

宋（960～1279 年）

南越国宫署遗址出土

南越王博物院藏

口径 8.9、腹径 23.5、底径 13.4、高 29.7 厘米

南海窑酱釉水波纹四耳罐

宋（960 ~ 1279 年）
南越国宫署遗址出土
南越王博物院藏
口径 11.4、腹径 23.7、底径 11.8、高 27.5 厘米

〰 **南海窑酱釉四耳罐**

宋（960～1279年）

南越国宫署遗址出土

南越王博物院藏

口径 9.6、腹径 16、底径 11.3、高 14.6 厘米

〰 **南海窑酱黄釉印花菊纹盆底**

宋（960～1279年）

南越国宫署遗址出土

南越王博物院藏

残宽 16、残高 6 厘米

新加坡福康宁遗址（黄慧怡拍摄）

　　新加坡福康宁遗址（Fort Canning Site）所处的福康宁山是 14 世纪马来皇室所在地和古代皇家墓地。自 20 世纪 80 年代以来出土大量"广东罐"碎片，部分带有戳印铭文，如"宝""大吉""土生金"等吉祥语，"百花春""清香"等酒名，还有与罐主身份相关的"主故""火长"等。

"百花春"印文罐残片（黄慧怡拍摄）　　"清香"印文罐残片（黄慧怡拍摄）　　"土生金"印文罐残片（黄慧怡拍摄）

　　印度奎隆（Kollam Port）位于印度半岛西南沿海，在宋代称为"古林""故临"，是古代中国与阿拉伯地区之间交通的重要中转站。2014 年，故宫博物院与印度喀拉拉邦历史研究委员会组成联合考古队，在奎隆港口遗址发掘出土大量来自中国的瓷器残片及铜钱。其中瓷器残片包含产自浙江、江西、广东、福建等省的产品，年代约在 10 世纪至 14 世纪。

2014 年奎隆港口遗址出土"清香"印文罐残片（图片出处：故宫博物院、印度喀拉拉邦历史研究委员会《印度奎隆港口遗址 2014 年考古调查简报》，《文物》2022 年第 8 期）

奎隆港口遗址出土中国文物地点示意图：1.奎隆港灯塔院落 2.乔纳普兰清真寺 3.2014 年中国文物出土地点
（图片出处：故宫博物院、印度喀拉拉邦历史研究委员会《印度奎隆港口遗址 2014 年考古调查简报》，《文物》
2022 年第 8 期）

奎隆港口现状（由西向东）（图片出处：故宫博物院、印度喀拉拉邦历史研究委员会《印度奎隆港口遗址
2014 年考古调查简报》，《文物》2022 年第 8 期）

　　据文献记载，斯里兰卡贾夫纳地区拥有斯里兰卡最早的港口。2018 年，中国上海博物馆与斯里兰卡中央文化基金会组成联合考古队开始对贾夫纳地区阿莱皮蒂遗址（Allaipiddy）进行挖掘，在遗址内发掘出土了大量北宋中晚期陶瓷器碎片，主要产自广州西村窑、佛山南海窑、潮州笔架山窑以及福建部分窑口，为古代中国和斯里兰卡之间贸易找到了最直接的证据。

斯里兰卡阿莱皮蒂遗址考古发掘现场（上海博物馆供图）

南海窑酱釉四耳小罐（上海博物馆供图）

西村窑青釉执壶（上海博物馆供图）

　　也门舍尔迈港（Sharma）是 9 至 12 世纪阿拉伯半岛南部海岸的重要国际港口。出土的中国陶瓷器以广东和江西产品为大宗，器形以碗和大型储物罐为主。11 世纪是西印度洋贸易的转折时期。大量波斯湾商人向阿拉伯半岛南岸和东非沿海发展，出现了一批新的商贸中转港口。舍尔迈遗址宋代瓷器的发现为研究也门与中国之间的贸易史提供了新的考古资料。

南海窑酱釉印花罐残片（赵冰拍摄）

南海窑酱釉划花罐残片（赵冰拍摄）

磁灶窑褐彩绘牡丹花纹盆

宋（960～1279年）
南越国宫署遗址出土
南越王博物院藏
口径33、高9厘米

磁灶窑青釉褐彩绘海藻鱼纹盆

宋（960 ~ 1279 年）

南越国宫署遗址出土

南越王博物院藏

复原口径 43、高 12 厘米

　　2001年，越南中南部平顺省沿海海域发现并打捞一艘沉船，时代为17世纪，船体结构具有中国船只特征，后被命名为"平顺"号（Binh Thuan）。船中装载的货物主要是瓷器和铁锅，瓷器绝大多数为漳州窑的青花、五彩、素三彩瓷器，总数达3.4万件以上，同时也兼有广东地区生产的酱黑釉罐。

　　为明代广东地区生产的酒容器，肩部双耳之间戳印"利贞"二字。"利贞"出自《周易》，"利，和也。贞，正也"，寓意吉祥如意。

石湾窑酱黑釉"利贞"印文四耳罐

明（1368 ～ 1644 年）

南越国宫署遗址出土

南越王博物院藏

口径 8.4、肩径 28.4、底径 10.2、高 28.8 厘米

景德镇窑青花雁鸭花卉纹军持

明（1368 ～ 1644 年）

南越国宫署遗址出土

南越王博物院藏

口径 5.5、高 18.4 厘米

景德镇窑青花双鹿花卉纹盘

明（1368 ~ 1644 年）
南越国宫署遗址出土
南越王博物院藏
口径 22、高 4 厘米

　　"塔纳"沉船被发现于肯尼亚共和国蒙巴萨市的蒙巴萨老港口（Old Harbor）18 米深的水下。该船是一艘有 40 门大炮的葡萄牙快速帆船（Frigate），名为圣·安托尼奥·塔纳号（Santo Antonio de Tanna）。"塔纳"号 1680 ～ 1681 年建造于葡萄牙在印度的领地果阿（Goa），康熙三十六年（1697 年）沉没在蒙巴萨耶稣堡前的港湾中。出水的瓷器大部分是盘、碗等日常生活用器，经观察，绝大部分器物都有明显的使用痕迹，是当时船舰上配备的器用，大体上反映了 17 世纪后期西方军事船舰上生活用瓷的状况。

蒙巴萨老港口"塔纳"号沉没的水域（秦大树拍摄）

"塔纳"沉船出水的佛山石湾窑酱釉五耳罐（秦大树拍摄）

石湾窑酱釉五耳罐

清（1636～1912年）
南越国宫署遗址出土
南越王博物院藏
口径9.8、腹径30、底径13.2、高29.5厘米

"塔纳"沉船出水的石湾窑酱釉"桥盛"款四耳罐（秦大树拍摄）　　　民国石湾窑酱黑釉"桥盛"款酒罐（岭南酒文化博物馆藏）

景德镇窑青花落叶寿石纹盘

清（1636 ~ 1912 年）

南越国宫署遗址出土

南越王博物院藏

口径 21、高 5 厘米

景德镇窑青花山水园林纹八方盘

清（1636～1912年）
南越国宫署遗址出土
南越王博物院藏
长 31.8、宽 24.7、高 3.6 厘米

广彩洋人图秋叶形碟

清光绪（1871～1908 年）

广东民间工艺博物馆藏

最大口径 18.6、最大底径 11、高 2.4 厘米

　　广州商行为欧洲定造彩瓷，其素瓷多由景德镇烧成，运到广州后，依欧洲人习惯及好尚，以珐琅彩及泥金绘画于素瓷上，专供欧洲，俗称广彩瓷器。

广彩英国贵族徽章纹奶壶

清光绪（1871 ～ 1908 年）

广东民间工艺博物馆藏

最大口径 11、底径 6、高 10 厘米

"从广州出发——'南海Ⅰ号'与海上丝绸之路" 展览文创产品设计说明

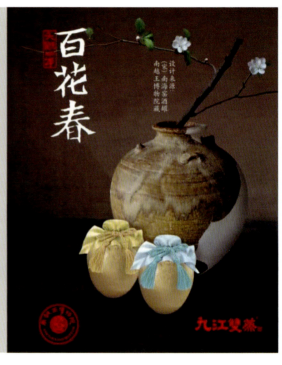

设计来源
宋·南海窑酒罐
南越王博物院藏

不趁青梅云煮酒
要着细雨熟青梅
——《赠岭上梅》宋·苏轼

八月剥枣十月获稻
为此春酒以介眉寿
——《诗经·豳风·七月》

① ② ③

南越王博物院研究人员在对宋代广州公使酒库遗迹整理过程中，发现了一批戳印有"酒橙""大观三年""醇酎""百花春""真珠红""清香""德"字等交枝花卉印文酒罐，这是岭南酒业千年历史文化的重要见证。其中，"百花春"即古诗中常见的"春酒"，古人在秋收时节开始酝酿，至来年春天酿成以祈长寿。

时至今日，广东佛山南海、顺德等地酒厂继承和发扬传统酿造工艺，岭南美酒香飘四海，饮誉中外。因此，南越王博物院以"从广州出发"展览为契机，联合广东省九江酒厂有限公司、广州市梁向昭西村窑陶瓷艺术研究院，在南越国宫署遗址出土宋代南海窑酱釉酒罐的基础上，研发出"百花春"之"德"系列酒文创产品，旨在更加生动地讲好广州海上丝绸之路故事。

附录：参考文献
Appendix

一、简报

陈鹏、黄天柱、黄宝玲：《福建晋江磁灶古窑址》，《考古》1982 年第 5 期。

福建省泉州海外交通史博物馆调查组：《晋江县磁灶陶瓷史调查记》，《海交史研究》1980 年（总第 2 期）。

故宫博物院考古研究所、印度喀拉拉邦历史研究委员会：《印度喀拉拉邦出土的孔雀蓝釉陶器标本》，《故宫博物院院刊》2022 年第 6 期。

故宫博物院、印度喀拉拉邦历史研究委员会：《印度奎隆港口遗址 2014 年考古调查简报》，《文物》2022 年第 8 期。

广东省文物考古研究所、国家水下文化遗产保护中心、广东省博物馆：《广东汕头市"南澳 I 号"明代沉船》，《考古》2011 年第 7 期。

广东省文物考古研究院、佛山市博物馆、佛山市祖庙博物馆、南海区博物馆：《广东南海奇石宋代窑址宝头岗地点 2021—2022 年发掘简报》，《文博学刊》2023 年第 2 期。

广州市文物考古研究院、中国社会科学院考古研究所、南越王博物院：《广州南越国宫署遗址宋代建筑基址 2004—2009 年发掘简报》，《文博学刊》2023 年第 2 期。

江西省文物考古研究所：《江西进贤县李渡烧酒作坊遗址的发掘》，《考古》2003 年第 7 期。

四川省文物考古研究院、德阳市文物考古研究所、绵竹市文物管理所、绵竹剑南春集团公司：《2004 年绵竹剑南春酒坊遗址发掘简报》，《四川文物》2007 年第 2 期。

香港环境资源管理顾问有限公司、中山大学人类学系：《香港九龙圣山遗址考古发掘简报》，《考古与文物》2016 年第 6 期。

中国社会科学院考古研究所、福建博物院泉州城考古工作队、泉州市文化广电和旅游局泉州城考古工作队：《福建泉州市"市舶司"遗址 2019 ～ 2020 年发掘简报》，《考古》2021 年第 11 期。

中国社会科学院考古研究所、福建博物院泉州城考古工作队、泉州市文化广电和旅游局：《福建泉州市南外宗正司遗址 2020 年发掘简报》，《考古》2022 年第 4 期。

Michael Flecker, Sister Ships: three Early 12th Century CE Shipwrecks in Southeast Asia, *Current Science*, Vol.117, 2019.

Michael Flecker, Tai Yew Seng, The Flying Fish Wreck: an Early 12th Century Southeast Asian Ship with a Chinese Cargo, *Sabah Museum Journal*, Vol.3, 2020.

二、论文

北京大学考古文博学院、南越王博物院、广东省文物考古研究院、北京大学中国考古学研究中心：《广州南越国宫署遗址和"南海 I 号"沉船出土酱釉器产地分析》，《文博学刊》2022 年第 2 期。

陈波：《南海 I 号墨书问题研究——兼论宋元海上贸易船的人员组织关系》，《东南文化》2013 年第 3 期。

陈智亮：《广东石湾古窑址调查》，《考古》1978 年第 3 期。

崔勇、李岩：《"南海 I 号"三题》，《广州文博》2021 年（总第 14 期）。

丁见祥：《南海 I 号沉船目的地研究——以出土金叶子为线索》，《南方文物》2022 年第 5 期。

傅金泉：《古今春酒知多少》，《酿酒科技》2005 年第 8 期。

高新天：《韩瓶新考》，《东南文化》2005 年第 6 期。

黄纯艳：《论宋代的公用钱》，《云南社会科学》2002 年第 4 期。

黄慧怡：《唐宋广东生产瓷器的外销》，《海交史研究》2004 年第 1 期。

黄慧怡：《香港出土宋元瓷器的初步研究》，《考古》2007 年第 6 期。

黄慧怡：《跨文化网络的载体：广东奇石窑、福建晋江磁灶窑与越南中部平定窑生产罐子再释》，《文博学刊》2023 年第 2 期。

黄晓蕙：《广东佛山石湾窑的形成、发展及繁盛成因探析》，《四川文物》2005 年第 6 期。

黄晓蕙：《佛山奇石古窑及相关的几个问题》，《南方文物》2016 第 2 期。

黄晓蕙：《古代石湾窑的历史分期》，《文物天地》2017 第 11 期。

黄晓蕙：《论古代石湾窑的历史变迁及产品特色》，《佛山科学技术学院学报（社会科学版）》2018 年第 2 期。

姜波：《港口、沉船与贸易品：海上丝绸之路的考古发现与研究》，《海交史研究》2021 年第 4 期。

焦天龙：《南海南部地区沉船与中国古代海洋贸易的变迁》，《海交史研究》2014 年第 2 期。

李佩凝：《宋代南海地区的海上贸易模式探究》，《海交史研究》2022 年第 2 期。

李鑫：《唐宋时期明州港对外陶瓷贸易发展及贸易模式新观察——爪哇海域沉船资料的新启示》，《故宫博物院院刊》2014 年第 2 期。

李岩：《南海 I 号里的镶嵌宝石黄金首饰》，《美成在久》2020 年第 2 期。

李岩：《南海 I 号上来自临安的金银币》，《美成在久》2020 年第 4 期。

李岩：《航行的聚落——南海 I 号沉船聚落考古视角的观察与反思》，《水下考古》2021 年（总第 3 辑）。

李灶新：《广州南越国宫署遗址出土五代十国刻款瓷器研究》，《华夏考古》2020 年第 2 期。

李灶新：《宋代广州"公使酒库"考》，《文博学刊》2023 年第 2 期。

廖大珂：《宋代市舶税利的抽收、分割与市舶本钱》，《中国史研究》2003 年第 4 期。

后 记

Postscript

　　本书是以 2023 年 7 月 3 日至 11 月 26 日在南越王博物院举办的"从广州出发——'南海 I 号'与海上丝绸之路"展览为依托的研究成果。该展览是国内首次将古代货物生产基地—商品集散地—贸易路线联系起来的海上丝绸之路主题展，为考古成果指导博物馆展览创新提供了良好借鉴。

　　2020 年 7 月，南越王博物院联合广东省文物考古研究院、北京大学、香港中文大学等单位组成研究团队，开展"南海 I 号"出土酱釉罐产地、集散、流通、消费等相关课题研究。通过考古类型学比对、田野调查、考古发掘、科技考古检测，研究团队最终确定"南海 I 号"和南越国宫署遗址出土的部分酱釉罐同为佛山市南海奇石窑、文头岭窑生产。"南海 I 号"船上的部分货物与广东陶瓷窑口生产地和广州贸易古港直接相关。"南海 I 号"来过广州，最后从广州离岸驶向远洋，这个结论对于"南海 I 号"的货物构成和贸易航线研究是突破性的认识。

　　2023 年 7 月 3 日，"从广州出发——'南海 I 号'与海上丝绸之路"原创大展历经近两年筹备，在南越王博物院（王墓展区）临展厅开幕。内地 12 家文博单位的 421 件（套）文物汇聚其间，其中超过三分之二文物为首次亮相；香港九龙圣山遗址、竹篙湾遗址，澳门圣保禄学院遗址所出土的文物，则是首次来到内地展出。展览期间举办的"商品、港口、沉船与唐宋海上陶瓷之路"学术研讨会，邀请了来自全国以及英国、法国等 30 多家文博单位、高校和科研院所的嘉宾学者 80 余人出席会议，主要围绕海上丝绸之路与贸易陶瓷、陶瓷流通与集散港口、沉船与陶瓷之路考古的新发现新进展等话题展开深入探讨。

　　展览承蒙广东省文物局、香港特别行政区发展局、澳门特别行政区文化局、广州市文化广电旅游局、广州市海丝申遗办、广东省文物考古研究院、广州市文物考古研究院、香港古物古迹办事处、香港中文大学、澳门博物馆、北京大学考古文博学院、长沙铜官窑博物馆、广东民间工艺博物馆、佛山市博物馆、佛山市南海区博物馆、深圳博物馆、惠州市博物馆、广州海事博物馆、广东海上丝绸之路博物馆，以及全国各大博物馆、考古所、高校等科研机构鼎力相助，秦大树、李岩、崔勇、魏峻、李庆新、徐怡涛、崔剑锋、冯毅、王煜、王芳、白芳、吴昌稳、陈滢、黄海妍、易西兵、Michael Flecker、赵冰、黄慧怡、肖达顺、李聪等海内外专家学者悉心指导，院内及各参展单位同仁各施其才，同心合力，表现出极高的工作热情与责任感，在此一并谨致谢忱！

2023 年岁次癸卯，"从广州出发"展览在羊城的初冬落下帷幕；840 年前的一个癸卯年，一艘被后人命名为"南海 I 号"的南宋商船也是在这样的初冬时节驶离广州，沿着汉唐以来开拓的海上贸易航道走向世界。今时今日，伴随文化全球化进程，原来单纯的商贸之路"海上丝绸之路"，具有了更加广泛的文化象征意义。这些历史与故事的缩影，更是我们理想与事业的写照。未来，南越王博物院将继续为海上丝绸之路文化遗产再书华章贡献力量！

编者

癸卯年岁末于羊城